朱元璋——霸業之爭

以九字定江山

韜略心計並存

飄雪樓主 著

誅陳友諒、滅張士誠、掃蕩元軍
朱元璋掃平天下，建立了屬於他的江山——大明王朝

而為了坐穩江山，讓子孫萬代傳承下去
也舉起了手中三尺利劍，砍向了麾下的功臣們⋯⋯

目 錄

第二十四章　塵埃落定

第十三章

陳友諒這一生

▌ 曲折發跡史

要知道朱元璋手下的將領們多半是在滁州、濠州剛起兵時就跟隨他的人，多年來征戰有功。因此，劉基此時要想真正成為朱元璋的重要謀士，還有四件事要做：立德、立言、立行、立功。

都說機會是留給有準備的人，同樣的道理，機會也留給有實力的人。此時朱元璋的勢力範圍已不再是以集慶為中心的小江南了，而是擁有包括浙東半壁江山在內的大江南了。朱升的「高築牆、廣積糧、緩稱王」猶如一股春風，吹得朱軍兵強馬壯、士氣高昂，百姓安居樂業、豐衣足食。此時，劉基的策略正好符合征伐陳友諒的基礎和機遇。於是乎，朱元璋採納了劉基的建議，並且很快就付諸行動。

征伐陳友諒，對朱元璋是挑戰和機遇；對於劉基來說，也是挑戰和機遇；而對於陳友諒來說，更面臨著挑戰與機遇。

天下沒有不透風的牆，消息傳到陳友諒耳朵裡，他先是一怔，隨即馬上恢復了平靜，然後便自我解嘲道地：「天堂有路你不走，地獄無門你偏來。我正想趁機東進去攻占你朱元璋，你倒好，自己送上門來了。那好，休怪我手下不留情了。」

這裡不妨來看看陳友諒的前世今生。

姓名：陳友諒。

本名：謝友諒。

改姓原因：其祖父陳千一作為上門女婿「入贅」來到了陳家，便跟著姓了陳。

出身地：湖北沔陽玉沙。

出生年月：元延祐七年 (西元 1320 年)。

外號：小三 (陳友諒排行第三)。

家庭成員：父親陳普才，母親 (姓名不詳)，兄弟五個分別為陳友富、陳友直、陳友諒、陳友仁、陳友貴 (合起來為富直諒仁貴)。

家庭背景：世代漁民。

成長經歷：用六個小插曲可以概括。

小插曲一：一把木劍帶來的思考

陳友諒剛滿週歲時，陳普才按當地風俗為陳友諒舉行了一次「抓周」儀式，以試將來的志向和前途如何。結果，這天，面對桌子上擺滿的毛筆、木劍、筷子、章子、大餅之類的東西，「小壽星」陳友諒伸出小手，便直奔桌上那支精緻的小毛筆抓去。陳普才見狀，心裡嘆道：「看來又是窮酸書生的料了。」然而，說來也奇怪，小壽星的手就在要碰到毛筆時，突然停住了，然後一把抓起了旁邊的小木劍，舞了一圈後，便往地上丟。說來也巧，正在這時，陳家一頭小豬正好竄進家門，從桌前經過，那木劍不偏不倚，正好落在小豬身上，結果，木劍頓時斷為兩截。這時小壽星突然哇哇地哭起來，顯然是心疼那木劍被折斷……而這時，陳普才的頭搖得更猛，一邊思考著什麼，一邊在心裡嘆道：「當屠夫還不如當窮秀才呢！」當然，陳普才不會料到，陳友諒長大後既不當窮秀才，也不當莽屠夫，而是當了一方之王，他不用拿木劍殺豬，而是拿真劍殺「朱」(朱元璋)……當然，這個故事的真偽，拿一把木劍對著豬去試一下便知。

小插曲二：一塊石頭引發的血案

相比於朱元璋苦難的童年，陳友諒則顯得幸福多了，六歲的陳友諒

便在一個遠房伯伯開的私塾裡讀書。當時玉沙縣裡有一個惡霸叫馬鐵成，綽號「馬一刀」，他的兒子馬彪和陳友諒互為「同桌的你」。但有一次，陳友諒的伯伯處罰了調皮的馬彪，結果馬彪馬上搬來了父親。馬一刀豈是浪得虛名的，他一來就對伯伯進行了教訓，結果打得伯伯滿地找牙……而這一幕正好被陳友諒看到了，他拾起一塊小石頭，拿起自己平常喜歡玩的彈弓對著馬一刀就是一彈，結果就是這一塊小小的石頭，引發了一場血案。結果馬一刀的眼睛瞎了，陳友諒伯伯的私塾被砸了，只讀了四年書的陳友諒輟學了。

小插曲三：一個水桶折射的定理

沒有學上了，陳普才把陳友諒送到了崇鳴寺。一是為了「避難」（馬一刀的尋仇），二來為了「深造（修練習性，鍛鍊品格）。於是乎，陳友諒和朱元璋都上了同一條路（當和尚）。寺裡的靜空長老給他安排的工種和朱元璋在皇覺寺裡的也差不多，每天的任務只有三樣：一是提水。到寺廟後山上的井裡去提水，並且要將寺裡的十來口大水缸都裝滿水。二是推石獅。每天推廟門口兩尊大石獅一百下。三是唸經（這個是偶爾為之）。光陰荏苒，五年後，只有十五歲的陳友諒變了，變得強壯無比，變得結實無比，變得力大無比，雙手竟然能搬起寺門前的大石獅。直到這時，陳友諒才明白師父的苦心：原來提水、推石獅、念佛經都是在練內功，挖內潛啊！

小插曲四：一支箭射出來的愛情

長成帥小夥的陳友諒很快就情竇初開，遇上愛情了。他的邱比特之箭射中的是當地有名的潘大財主的千金潘金花。當時潘金花年方十六，追求的人多如牛毛，原因是她具有三大得天獨厚的優勢：一是錢多。據

說當地人形容潘家，什麼都缺，唯獨不缺錢。二是貌美。潘金花人如其名，長得似一朵嬌貴滴豔的花朵。三是獨女。潘老爺子膝下無子，唯獨生了這個寶貝女兒，自然視為掌上明珠。能娶到她，財貌雙收，你說，追求者能不多嗎？也正是因為這樣，潘家的門檻都被踏破了。然而，潘金花這位集美貌智慧於一身的富二代，為了能找到自己心目中的「白馬王子」，拒絕了父母之命、媒妁之言，而是決定「自由戀愛」。但鑒於當時的條件，她選擇的方式是比武招親。誰有能力，誰有本事，誰最具親和力，誰人氣指數最高，我就跟誰。而剛從崇鳴寺學藝出師不久的陳友諒聽說後，喜不自勝，心道：都說機遇留給有準備的人，這話一點不假，我才藝學成歸來不久，便有嶄露頭角的機會了。接下來的過程可以參照選秀比賽，經過海選的大浪淘沙後，最後進入前十強的，陳友諒自然在其中。接下來的終極競賽，更是殘酷。海選的裁判是潘老爺子，而這時潘金花親自坐鎮來當主考官，一生的幸福就在此一舉了，她能不親力親為嗎？為了公平公正起見，潘金花把終極比武改成了三回合：一是文鬥，二是武鬥，三是戰鬥。文鬥很容易理解，就是比知識水準，看才氣。陳友諒四年私塾不是白讀的，因此，對對聯還是沒有問題的。據說，當時潘金花出的上聯是：人生如歌七音跌宕前程好。而陳友諒立即答道：愛情是酒五穀醞釀餘味長。潘金花聽了俏臉微紅，心裡卻心花怒放。第一回合，陳友諒敏捷的才思令潘金花對他印象非常好。第二回合，武鬥比的是搬石雕，意思很明顯，是想測測力氣和功夫。這個對於陳友諒來說是小菜一碟，他五年來一直推抱石獅，因此，自然也毫無懸念地過關了。前兩回合一過，闖過最後一回合比拚的只剩下五人。最後一輪的戰鬥才是最重要的，比射箭，不是十強選手互射，而是一致對外，向天空射白鷺。誰能又快又準地把白鷺射下來，誰就是「花魁」。他們來到野

外，當地的白鷺很多，很快就有「一行白鷺上青天」，而這時潘金花宣布比賽開始後，除了陳友諒外，其他四位進入終極比拚的人，拔箭便射，結果由於出手太急，加上白鷺一直在向前飛，因此四人中只有一位射中了白鷺。那隻射中的白鷺直往地上掉。就在大家認為「花魁」非他莫屬時，說時遲那時快，只見陳友諒搭箭上弓，唰的一聲，那離弦之箭穿透雲霄，一箭射中了三隻白鷺，三隻白鷺疊加在一起，下降的速度自然要快些，結果比先前射中的那一隻白鷺還先落於地上。這時場上響起了經久不息的掌聲，這掌聲是驚嘆，是祝賀，更是恭喜。就這樣，陳友諒一射定乾坤，抱得「白富美」潘金花歸。這一年，陳友諒十八歲，沒有舉行成年禮，卻舉行了結婚大禮。

小插曲五：一個官職帶出來的潛規則

　　陳友諒收獲了愛情後，好運接踵而來，事業很快有了起色。陳友諒家鄉所在的隔壁縣蒲圻縣因為少一個主簿（相當於縣政府辦公室祕書），結果在公開應徵中，陳友諒憑著扎實的功底，順利通過了筆試、武試、面試三關，在眾位應徵者中，脫穎而出。也正是因為這樣，陳友諒很是感謝長官的關心，感謝親人的關愛，感謝朋友的支持，工作起來很是努力認真。然而，正是這個小小的主簿，使陳友諒看清了官場的黑暗，看清了社會的腐敗，看清了元朝的墮落。義憤填膺的陳友諒最開始每每看到「不平」，都想拔刀相助，但每次都無能為力。那些欺壓百姓的地霸惡匪都有自己的勢力網，「上面」都有人罩著，他們犯了法，如同兒戲一般，你除了睜一隻眼閉一隻眼，別無他法。大官吃小官，小官吃百姓，百姓只剩下吃草皮了，這個是官場的潛規則，你只能當遊戲玩。也正是因為這樣，陳友諒的工作熱情很快就由高漲變成了低落。對此，縣令對他的「忠告」是，凡事不可不認真，但凡事又不可太認真。陳友諒明白這

話中的意思，但他又是眼裡容不下一粒沙子的人，在縣衙當了四年的主簿後，陳友諒終於還是選擇了炒縣令的魷魚。辭呈上寫的理由有二：一是當官不為民做主，不如回家種番薯。解析：我能力有限，不能勝任這份工作，還是回家去種番薯的好。二是他日若遂凌雲志，敢笑周郎不丈夫！我想「下海」。這個時代進步太快，我也下海去闖一闖自己的事業。

小插曲六：一次綁架引發的命案

陳友諒決定辭官下海，這是需要很大的勇氣的，畢竟主簿是衣食無憂的鐵飯碗，砸破鐵飯碗去撿塑膠碗，這事沒有勇氣是不行的。而更需要勇氣的是，陳友諒不是經商，而是造反，這就更需要勇氣。畢竟，這是一條沒有回頭的路，一旦踏上了征程，就必須義無反顧地走下去。而陳友諒之所以會選擇走這條路，原因是逼出來的。誰逼的呢？前面已經說過，陳友諒還是十多歲的小孩時，就用彈弓彈瞎了黃蓬山惡霸馬一刀的一隻眼睛，後來馬一刀一直沒有放棄對仇人陳友諒的尋找，結果陳友諒討了一個「地主婆」的妻子，又當上了主簿，雙管齊下，馬一刀覺得對陳友諒下手，難度很大，於是，他選擇了「隱忍」。是啊，君子報仇，十年不晚嘛。結果他的耐心沒有白費，陳友諒的辭職歸來，讓馬一刀大喜過望，以前怕你，那是因為你是當官的，俺不敢在太歲爺頭上動土。現在你是一介布衣，不拿你動手，拿誰動手！再說，我的眼睛還是拜你所賜。當然，馬一刀在動手前，也進行了旁敲側擊，拿陳友諒的叔叔陳普文開刀。當時陳友諒的叔叔一直靠打漁為生，但馬一刀卻找他要高額的「保護費」。行為類似於黑社會性質。恰好當時陳普文家裡窮，繳不起保護費，馬一刀二話不說，直接把陳普文抓起來了，說得再直白點就是綁架。目的很明顯，別人是殺雞儆猴，他是「殺叔儆姪」，想透過這件事，試試陳友諒的能耐。陳友諒豈是省油的燈！他聽說消息後，馬上找

來兒時的夥伴張定邊共同商量對策。張定邊和陳友諒的關係就像朱元璋和徐達、湯和的關係一樣，一個字「鐵」，兩個字「很鐵」，三個字「非常鐵」，四個字「鐵樹開花」。朱元璋帶著兩個兒時的夥伴參加起義，實現的是「鐵樹開花」。而陳友諒和張定邊也同樣如此。也正是因為這樣，當陳友諒怒不可遏地說要「幹」時，張定邊附和道：「要幹就要幹一票大的。」結果兩人夜闖馬府，不但成功救出了陳普文，還使馬一刀一刀斃命，永遠「沉睡」過去了。

有詩為證：

大禹導漢入三澨，我要導漢入大海。

不做河裡縮頭鱉，要做海中昂頭龍。

▍弱者回首就變強

　　殺死了馬一刀，陳友諒和張定邊沒有選擇「遠遁」，而是選擇「小隱隱於野」，隱藏在老家的湖邊一帶，成了不折不扣的流寇。因為除了惡霸，當地百姓對他很是敬佩，因此，加入他「流浪幫」的人越來越多。也正是因為這樣，官府忌憚陳友諒的勢力，也不敢追捕。

　　官府「有意」放陳友諒一馬，但陳友諒卻無意放官府一馬。至正十年（西元 1350 年）的中秋節，對陳友諒來說，是一個刻骨銘心的日子。這天，一大清早，陳友諒就忙碌起來，並且做了三件事。第一件事是視察了他的結拜兄弟柳濤和范洪軍等人的「打金場」（打造兵器的地方），看到刀、槍、劍、矛各色都有，陳友諒很是滿意地點了點頭，說了這樣一句話：萬事俱備。

　　接著，陳友諒做了第二件事，召集跟隨他的數百名兄弟，召開了一次緊急會議。會議開始後，他便開始了長篇大論，中心思想只有一個，分析天下形勢。無非是陳述元朝政府的腐敗無能。在他滿含深情的講解下，眾人無不動容。正在這時，密室的大門倏地開啟了，嚇得在場所有人都驚出一身冷汗，唯獨陳友諒面不改色心不跳，對著來人叫道：「叔叔。別來無恙否？」

　　眾人這才透過門口微弱的光線，看清來人正是陳友諒的叔叔陳普文。只見陳普文接下來上氣不接下氣地說了這樣一句話：「聽說官府知道我們打金場的事了，馬上要派兵來抓我們。」

　　「啊……」眾人一聽，都驚訝不已，頓時密室裡像是炸了的蜂窩鬧將

開來。陳友諒定定地看著眾人，眼看時機差不多了，這才說話了，「我們都是一條繩上的螞蚱，不幹只有死，幹才有活路。我們磨刀霍霍這麼多天了，此時不舉事，更待何時？」

「幹，當然幹，馬上幹，幹他個熱火朝天，幹他個轟轟烈烈，幹他個前無古人後無來者的大事。」眾人異口同聲地附和道。而此時，陳友諒和陳普文四目相對，眼中同時露出會心的一笑。發表完「舉事宣言」後，陳友諒緊接著做了第三件事：通知遍布四周的「信徒」共同參加舉事。考慮到以嘴傳播的方式太過直接，走漏風聲的風險過大，最終陳友諒採用了加工月餅的方式進行聯繫。具體做法如下：寫好「今晚在崇鳴寺集合，殺盡蒙古人」之類的字條，然後把字條藏於月餅內，再把這些「特製」的月餅分發到眾人手中。

接下來的程序很簡單，這天晚上，陳友諒做了他人生中最重要的一件事——造反。流浪幫的成員齊聚崇鳴寺後，陳友諒斬殺了一隻白狗，祭告天靈後，再和大家喝了血酒，說的話很雷同，參見《三國演義》裡的劉、關、張三人桃園三結義的場景。

接下來，陳友諒帶著數百名流浪幫成員除去了當地的另一個惡霸曹天齡。在名氣和實力進一步壯大後，馬不停蹄地攻下了玉沙縣，並以此為根據地，向四周擴軍，很快，部隊人數就達到萬餘人。陳友諒對軍紀、軍規很是重視，為了造成殺一儆百的效果，陳友諒在這一方面和朱元璋採取的苦肉計很相似，朱元璋可以痛打湯和、徐達等親如手足之人，陳友諒為了軍法，連親弟弟犯法也進行了軍棍伺候。結果，軍威就這樣樹立起來了。也正是因為這樣，隊伍戰鬥力也進一步加強了。接下來在玉沙城，陳友諒巧妙運用戰術，以少勝多，成功擊退了元朝派出的河南行省平章太不花數萬大軍的圍攻。太不花第一次圍攻玉沙城，被防

守反擊的陳友諒打得損兵折將後選擇了退軍。但太不花是個不肯輕易認輸的人，馬上又捲土重來。來了個第二次圍攻玉沙城。儘管陳友諒早就做好了防衛，但這一次太不花勢在必勝，不但兵馬帶得更多，糧草和重武器也備足了，因此，將玉沙城圍了個水洩不通。圍城最重要的就是兩樣東西：一是糧食，二是水。沒有這兩樣，就會餓死，還怎麼談守城！玉沙城不缺水，但缺糧。因此，堅守月餘後，眼看糧草用盡，陳友諒選擇了突圍，死守只有死這一條路，而突圍還有一線生機。為了突圍成功，陳友諒借鑑了漢朝劉邦的招數，來了個三步驟。第一步驟，突圍走在最前的居然是一群打扮得花枝招展的女人。果然，城門開啟，元軍本來嚴陣以待，但看見了這些靚女，個個眼睛都直了，垂涎三尺，更有甚者，交頭接耳，嬉笑著品頭論足起來，情緒不由得鬆懈下來。正在這時，陳友諒實行了第二步，他的起義軍突然氣勢如虹地衝出城來，很快就殺出一條血路來。等元軍們回過神來，奮起直追時，這時陳友諒第三步驟發威了。只見那些老弱病殘推著大箱小箱為了減負開始開啟箱子扔東西了。接著一串串、一個個亮晶晶的東西被扔到路上，發出奪目的光。元軍好奇，有人拾起來，突然驚呼道：「啊，黃金手鍊、白銀耳墜、青銅食器……」元軍們眼看天上掉下這麼多財寶來，哪裡還有心思去追陳友諒，開始爭搶起金銀珠寶來。

弱者回首就變強。這時，陳友諒大膽做出決定，反戈一擊。君子愛財，取之有道，那些財產都是我們的，怎麼能輕易送給你們呢？果然，當他帶著士兵回擊時，元軍傻了眼，只有潰逃的份兒了。殺敗了元軍，陳友諒重新奪回了財物，正準備滿載而逃時，這時太不花出現了。他聽說陳友諒突圍後，既震驚又氣憤，嘆道：「看樣子我低估了陳友諒的能力。」原本對追擊陳友諒沒有抱多大希望了，然而不料正碰上了「再回

首」的陳友諒。結果可想而知，把陳友諒的起義軍又圍了個水洩不通。陳友諒一邊發出「謀事在人，成事在天」的感慨，一邊選擇華山一條路走：再突圍。這一次就沒有那麼容易了。結果陳友諒在張定邊等一些親信將領的保護下，成功突圍了，但付出的代價是幾乎全軍覆沒。萬餘人的大軍，只剩下百餘人。對此，參加起義以來一直順風順水的陳友諒第一次體會到了現實的殘酷，體會到了英雄末路的無助和淒涼。站在江邊，陳友諒沒有學項羽來個拔劍自刎、就是不肯過江東。而是拔劍在江邊的一棵大樹上舞動起來，眾人頓時覺得寒氣逼人，樹屑紛飛⋯⋯不一會兒，陳友諒挽了個劍花，收起寶劍，突然厲聲道：「蒙古人，你等著，這血海深仇，我一定會來報的。」說著跳上了渡船，此時，晶瑩的淚水掉落在江水中，瞬間被渾濁的河水吞噬。眾人再看樹時，但見上面竟然出現四行小字：「勝敗兵家事不期，包羞忍恥是男兒。江東子弟多才俊，捲土重來未可知。」

與狼共舞

　　好不容易才拉上一支上萬人的軍隊，轉眼間便灰飛煙滅，只剩下孤零零的數百人了，陳友諒哀痛欲絕。痛定思痛後，他覺得憑自身實力，已很難在短時間內「東山再起」，於是，他決定尋求「保護傘」。

　　那選擇誰呢？此時天下英雄很多，梟雄也很多，狗熊更多，英雄、梟雄、狗熊魚龍混雜，多如牛毛，非得有一雙慧眼不行。陳友諒覺得自己沒有慧眼，單憑別人道聽塗說不能確定誰才是真正的英雄、是真正值得庇護的。於是，陳友諒把身邊剩下的殘兵敗將全部派出去尋找英雄。一個月後，大家又重新聚到一起，然後把收集到的情報進行了彙總。結果人氣最旺的有以下幾位英雄：一是小明王（實際掌門人卻是劉福通），二是郭子興（此時的朱元璋還處於發跡期），三是徐壽輝。

　　三選一，陳友諒沒有進行盲目選擇，而是對三人的優劣進行了全面分析。

　　一號熱門人物小明王。優勢：元末最早的起義發動者韓山童的兒子，得到了元老級人物劉福通的鼎力支持，很快建立了自己的政權，稱國建號，因此擁有先入為主的「正統」優勢。劣勢：成也蕭何，敗也蕭何。小明王韓林兒隊伍壯大離不開劉福通，但同時，劉福通的存在，也把小明王的權力給架空了。這樣一來，這支隊伍裡存在很大的不穩定性、不確定性和不和諧性。

　　二號熱門人物郭子興。優勢：郭子興仗義疏財，是個有理想、有抱負的人，並且擁有五大幫手（當時朱元璋還沒有入夥），坐擁濠州這個要

地。劣勢：僧多粥少，地盤只有濠州這一塊，卻有五隊人員共駐，並且各自為主，這樣發展下去，也很難有所作為。

三號熱門人選徐壽輝大家可能還比較陌生。徐壽輝是湖北羅田多雲鄉上五堡人，長相俊美，親和力強，起義後，打出「摧富益貧」「不侵擾百姓」等惠民口號，得到了廣大人民群眾的積極響應，隊伍很快以滾雪球的方式壯大，並以蘄水及黃州路為根據地，建立了自己的國號 —— 天完。並且擁有彭瑩玉和鄒普勝等超人的支持，攻占了饒州和信陽等地，地盤擴大可以用日新月異來形容。因此，他的優勢很明顯：後起之秀，親和力強，戰鬥力強，發展潛力大。劣勢：暫時沒發現。

分析的結果很明顯，小明王是一隻「病老虎」，郭子興是一隻「小綿羊」，而徐壽輝是一匹「狼」，一匹奔跑的野狼。

「與狼共舞，方顯英雄本色。」陳友諒是這麼說的，也是這麼做的。於是乎，他馬上投奔了徐壽輝。

而事實證明，陳友諒的選擇是正確的，也正是因為在徐壽輝手下，他一步一步走向了成功的彼岸。

元至正十三年（西元 1353 年），陳友諒率領經過百浪淘沙剩下的幾百號嫡系人馬抵達黃州，投靠了徐壽輝部將倪文俊，正式加盟徐壽輝陣營。而陳友諒不會料到，他接下來要經過三個火與冰的階段。

首先是潛伏期，陳友諒的遭遇和朱元璋初到濠州投奔郭子興一樣，得到了卑微的官職 —— 簿書掾。

但陳友諒既來之則安之，透過努力，很快讓倪文俊改變了對他的看法，饒是如此，山還是那座山，橋還是那座橋，陳友諒還是那個陳友諒，升為黃州路總管府總管（相當於辦公廳主任）後，便裹步不前了。

吃得苦上苦，方為人上人。陳友諒並沒有因此就自暴自棄，而是奉行這樣的八字方針：低調做人，高調做事。光陰荏苒，就這樣度過了三個年頭。這時，徐壽輝的天完政權已是日新月異，實力和地位進一步加強，但為了奪取更多的地盤，徐壽輝採取了兵分多路、全面開花的策略。一是派丁普郎、徐明攻打漢陽、興國。二是派鄒普勝攻打武昌、龍興。三是派曾法興攻打安陸、沔陽。陳友諒發跡的機會也不期而至。這個機會是等來的，也是「請」來的。陳友諒主動要求去前線支援曾法興打沔陽。倪文俊沒有拒絕的理由，便給他掛了半個職務——「副將軍」，給了他一千士兵，兩個將領——張必先、張定邊，算是全部家當。

　　兵雖然少得可憐，但陳友諒很高興，一來蟄伏了這麼久，終於有一次展現自我的機會；二來有鐵桿哥們兒張定邊在，他豪氣沖天、信心百倍。結果他們先一步來到沔陽，和他們有個約定的曾法興卻遲遲沒有到來。陳友諒沒有一直乾等，而是決定偷襲沔陽。他叫張定邊和幾個勇士化裝成樵夫混進了城。是晚，張定邊帶著勇士們在城裡四處放火，結果鬧得城裡一團糟時，張定邊衝向了城門口，一陣刀光劍影後，守門士兵被他砍倒了，城門被他開啟了。而看見火起，候在城外多時的陳友諒此時很快便衝入城內來。結果，毫無懸念，沔陽城的元軍只有潰逃的份兒，把城池送給陳友諒做見面禮了。

　　接下來，陳友諒沒有小富即安，立即又向中興城進軍，結果，挾著勝利的餘威，兵不血刃就把中興城拿在了手上。兩城在手，陳友諒向倪文俊報喜。部下立了這樣的大功，倪文俊接到報喜後當然高興了。然而，他正要向徐壽輝邀功時，麻煩已接踵而來了。元朝聽說連丟兩城，派了數萬大軍在威順王寬徹普化的帶領下，進行了瘋狂反擊。他們沒有去沔陽和中興等城，而是目標直指天完的根據地所在——蘄水。這時徐壽輝手下的

猛將幾乎都在一線征戰。聽到消息，倪文俊不等徐壽輝的聖旨到，便馬上親自帶兵去解圍。在漢川的雞鳴汉進行布防，成功擊敗了敵軍。

陳友諒和倪文俊的勝利，讓徐壽輝大為高興，在嘉獎倪文俊的同時，他還特意召見了陳友諒。蘄水城的清泉寺成了陳友諒人生扭轉的第二春。

進去的時候，陳友諒還是一個「兵」，出來時，已經是一個「將」了。徐壽輝封給他的官職是天完國將軍。為了試探其真功夫，交給他的任務是攻打江西行省江州路、南康路一帶，兵馬是兩萬。兩萬士兵，這可以和陳友諒剛起義時最繁盛的時期相比了。回想起失利後幾年來所受的種種苦難，終於苦盡甘來，迎來了人生的轉機，他不禁熱淚盈眶。

接下來，陳友諒進入了加盟徐壽輝後的第二個時期 —— 發展期。

權力的角逐

　　至正十六年（西元 1356 年），這是一個鶯飛草長的春天，陳友諒帶領自己的嫡系人馬陳普文、張定邊等人和兩萬大軍抵達江州以北，目標直指江州路。江州路是軍事要地，元軍派了重兵防守。陳友諒知道只能智取。於是，他選擇了趁著天黑，神不知鬼不覺地渡了江，然後叫大部隊全部隱藏起來，只讓陳普文帶著一千老弱病殘去大張旗鼓地攻城。

　　江州路的守城總管叫李輔，他見陳普文這麼少的人居然敢來叫囂，馬上開啟城門，來了個親自迎接。接下來上演的便是和陳普文的大戰了。勝負很快便揭曉，陳普文敗走了。那李輔豈肯讓他逃脫，馬上追！結果，追著追著，陳普文不見了，而是出現了許多起義軍。而中計了的李輔轉身想逃時，已悔之晚矣。陳友諒沒有給他這個機會，一箭射穿了他的頭顱。剩下的元軍想逃回城，但起義軍已搶先一步湧入城內了。結果沒有什麼懸念，江州城就這樣被拿下來了。正如「蝴蝶效應」一樣，接下來，陳友諒接連拿下江州路的瑞昌、彭澤、湖口、德安等縣城，緊接著又拿下南康路所屬的建昌州、都昌縣等地，再緊接著又攻取了瑞州、彭州、吉春、襄陽等地。幾乎在一夜之間，陳友諒名震江南，令元軍聞風色變。

　　陳友諒交了一份圓滿的答卷後，徐壽輝的喜悅之情無計可消除，才下眉頭又上心頭。於是乎，在發出「真乃將才也」的感慨後，將陳友諒提拔為朝廷的「上將軍」，一躍成為最高決策層成員之一。當然，陳友諒之所以邁升這麼快，一是功勞使然，他立了幾次大功，上級不提拔他說不

過去；二是政治需求，此時徐壽輝手下太尉倪文俊功高震主，大有「兒大不由娘」之勢。提拔陳友諒到「內閣」來，一來分解了倪文俊的勢力，二來可以牽制倪文俊。

這時陳友諒還矇在鼓裡，但倪文俊卻心知肚明。眼看徐壽輝想盡辦法一點一滴地蠶食他的權力和地位，他坐不住了，與其這樣坐以待斃，不如放手一搏。王侯將相，寧有種乎！既然你徐壽輝能當這個皇帝，我的才能不比你差，為什麼不能當？

計謀定下後，倪文俊開始物色合作夥伴。最終把目標定在曾經的部下、如今的朝中新貴陳友諒身上。如果能把陳友諒拉下水，那麼他舉事的成功係數將大大增大。而正在這時，隨著地盤的不斷壯大，徐壽輝馬上進行了遷都。把都城從蘄水遷到漢陽來，這樣有利於統籌全域性。這正是渾水摸魚、趁機下手的好時機啊！於是乎，就在徐壽輝收拾細軟浩浩蕩蕩往漢陽出發時，倪文俊也沒有閒著，帶著自己的嫡系部隊浩浩蕩蕩地向黃州進軍。因為黃州有他的老部下陳友諒在。

倪文俊原本以為憑著他和陳友諒多年的交情，他一定會很快搞定陳友諒。哪知陳友諒聽了他的來意後，先是一怔，隨後說了這樣一句話：先不談國事，先談杯中事，先吃了我的接風宴再說。

倪文俊沒料到接風宴其實是鴻門宴，他很快就被陳友諒和他的部將輪番敬酒給灌醉了。接下來陳友諒輕而易舉地割下倪文俊的頭顱，派自己的親弟弟陳友貴把倪文俊的人頭獻給了剛剛入主新都的徐壽輝。徐壽輝一直視倪文俊為眼中釘、肉中刺，聽到這個消息大喜，除了心頭大患啊！高興之餘，徐壽輝對陳友諒進行了賞賜。遷升陳友諒為天完國蓮臺府平章政事兼天完國兵馬都元帥，接管倪文俊在中興路的所有兵馬。倪文俊的部隊除了明玉珍「單飛」，去四川剿匪外，其他大將胡延瑞、熊天

瑞、辜文才、王奉國、康泰等威震一方的大將都納為陳友諒的屬下。陳友諒一夜之間幾乎掌管天完政權的全部兵權，權力之大，勢力之盛，豈是言語可表達的！

徐壽輝高興之餘顯然昏了頭腦，他不會料到，就是他的這樣一個決定，送走了一個倪文俊，又來了一個陳友諒。從此，陳友諒走上了歷史的舞臺，並且逐漸成了天王級的人物，而徐壽輝從此頭上空戴美麗的花環，卻漸漸成了一個花瓶，只能當擺設，換成實物便是兩個字 —— 傀儡。

徐壽輝是天完政權名義上的皇帝，而陳友諒是實際的皇帝。看來做什麼都得留一手，不然留給自己的可能就是兩手空空了。

第十四章
博弈的背後

邯鄲學步

掌握兵權後，陳友諒在體會「人在高處不勝寒」的同時，也體會到了「人在高處不勝忙」，一邊要對「外」——元軍，另一邊要對「內」——起義軍。元軍呈下降趨勢，越打越不來勁，越打越少。而起義軍越來越多，越來越強。正所謂英雄所見略同，正當朱元璋聽從劉基對天下的形勢分析，把對內的主要目標鎖定為陳友諒時，陳友諒也透過慧眼分析，把對內最主要的目標停留在了朱元璋身上。也正是因為這樣，朱元璋和陳友諒之間的比拚注定不會擦身而過，注定會來得更快更急更猛烈些，注定會精彩繽紛，注定會波瀾起伏，注定會惺惺相惜成為一輩子的對手。

因此，就在朱元璋一邊和張士誠糾纏，一邊南下時，陳友諒也沒有閒著，他一邊四處打擊元軍，擴張地盤，一邊把策略目標對準朱元璋，準備隨時給朱元璋送上致命一刀。考慮到朱元璋的實力已今非昔比，他最終決定走聯合張士誠來共同對付朱元璋這條路。

為此，陳友諒也馬上來了個兩步驟。第一步是邯鄲學步。學誰的步呢？學朱元璋的，師夷長技以制夷嘛！朱元璋最開始不是寫了封信給張士誠進行「投石問路」嗎？他也寫了一封信給張士誠來了個「投石問路」。不同的是，朱元璋在信中故意帶有「汙衊」性質，主要目的是試試張士誠的態度和反應。而陳友諒在信中卻是帶著「真誠」的情義，主要目的是想和張士誠共同合作，雙贏互利。

對此，張士誠馬上也回了一封信：感謝天、感謝地、感謝命運讓我們相遇，自從有了你，生命裡都是奇蹟；多少痛苦多少歡笑交織成一片燦爛的記憶……

一封家書收到了良好的效果，陳友諒高興之餘，發出了這樣的感慨：俗話說：「好言一句三冬暖，惡語傷人六月寒。」這話一點不假啊！於是，他馬上開始了他的第二步驟：聯姻。他決定把自己的寶貝女兒陳惠嫁給張士誠做兒媳。

　　此時陳友諒的女兒陳惠已經十六歲了，是個清純動人、含苞待放的妙齡少女了。而張士誠的兒子張仁已經十八歲了，是個目若朗星、面如冠玉的帥哥了。如果聯姻成功，兩人便是親家，這樣聯合起來對付朱元璋，自然比任何關係都來得鐵些。

　　什麼叫門當戶對？什麼叫金童玉女？什麼叫天造地設？什麼叫千里姻緣一線牽？我們從陳友諒的貴千金和張士誠的貴公子身上就可以看出來。因為一封家書，張士誠對陳友諒的第一印象本來就很好，此時陳友諒又願意把寶貝女兒嫁給他兒子，這正是求之不得的好事，再加上此時他被朱元璋輪番打擊，已是焦頭爛額，和陳友諒聯姻，自己就有了堅強的靠山和後盾。正是因為這樣，兩個人一個想嫁，一個願娶，一拍即合，很快成交。

　　陳友諒就是陳友諒，不愧為走南闖北，歷經風霜多年的不死鳥，他一出手果然非同小可。如果雙管齊下成功實現，那麼，陳友諒和張士誠就結成了牢不可摧的統一戰線，對於朱元璋來說，那將是極為不利和極為危險的。也正是因為這樣，朱元璋也沒有坐視陳友諒和張士誠眉來眼去，獨居期間（他擁有的地盤正好隔開了陳、張勢力）而撒手不管。於是接下來馬上上演的是半路劫新郎的鬧劇。

　　半路搶劫新娘的故事聽說過不少，但搶新郎的故事倒是很少見。朱元璋之所以這麼做，肯定有他的原因了。

　　原來，陳、張兩家的婚事一拍即合後，張士誠決定馬上舉行隆重的定親儀式。可是定親禮送什麼好些？金銀珠寶一來太俗氣了，二來也不

新奇，三來提不起陳友諒的興趣（陳友諒就算什麼都缺，也不缺這東西啊）。為此，張士誠陷入了沉思，他想啊，想啊，送一份什麼特別的禮物給親家呢？最後突然拍了拍腦袋道：有了。他的禮物是獻上朱元璋的腦袋。是啊，朱元璋對他和陳友諒來說都是眼中釘、肉中刺，如果能除去朱元璋，那就再也沒有後顧之憂了。可是，經過零零散散的這麼多次交手，單憑一己之力，是很難搞定朱元璋的，只有走聯合道路才能徹底擊敗朱元璋。凡事宜早不宜遲，既然早晚都要動手，不如就乘這次定親的機會直接對朱元璋下手。

於是，他把正等著當新郎官的兒子張仁叫到身邊，極為慎重地說：「你這次肩負兩大重任，一是帶回陳友諒的寶貝千金，二是轉告你岳父一句話：『九九重陽節我們有個約定，共同向集慶的朱元璋進軍。』光榮和使命重大，務必保證完成任務。」

見父親說得凝重，張仁原本笑容滿面的臉也變得莊重起來，頭點得像雞啄米似的。於是，在陳友諒派來負責迎接張仁的胡蘭將軍的帶領下，喜船開始從長沙向黃州出發了。胡蘭提議喜船從簡，不要過於招搖，以免引起朱元璋的「海上保衛廳」的注意，從而節外生枝。但張仁卻說，太寒酸了的話就對不起岳父陳友諒這張老臉啊！於是乎，那喜船自然打扮得花枝招展，喜氣風發。

都說面子害死人，這話一點都不假，果然，過於招搖的喜船在長江中很快被朱元璋的「海上保衛廳」發現並且攔截住了。

聽說是張士誠的兒子張仁被攔住了，正在做攻打陳友諒準備工作的朱元璋，不想因為這件事觸怒張士誠，於是決定放張仁的喜船離開。

就在這個節骨眼上，神奇的劉基開始發揮他神奇的作用了。他只說了兩個字，就是這兩個字，卻發現一個驚天大祕密。第一個字：慢。暫

時不能放他們走。第二個字：審。拿張仁和胡蘭兩位頭頭是問。

結果這一審，張仁哪裡吃得了這皮肉之苦，很快就回了一個字：招。一個驚天祕密就這樣水落石出：一是他要和陳友諒的女兒陳惠聯姻；二是他的父親張士誠要和陳友諒聯手。朱元璋聽後，半晌沒有吭聲，臉色鐵青陰沉得可以擰出水來了。說實話，他心裡對張士誠和陳友諒單挑的話誰都不怕，唯獨怕的就是兩人聯手。不是有這樣一句話，好漢敵不過人多！兩強一旦聯手，腹背受敵，那是凶多吉少啊！但正在這時，劉基接下來又說了三個字，馬上令朱元璋的臉色雨過天晴。第一個字：改。把張士誠約定共同進軍日期由九月初九改為八月十五中秋節這一天。第二個字：寫。口說無憑，立字為據。劉基親自操刀，把約定的內容以書面形式寫出來。智者千慮必有一失，劉基不會料到，就是這一寫，差點弄出畫蛇添足的後果來。第三個字：冒。張仁是不能再放虎歸山了，改派年輕帥氣的華雲龍去冒充張仁當新郎官，帶著這封信去黃州的陳友諒那裡，確保萬無一失。

而這時的胡蘭在朱元璋軟硬兼施的誘逼下，已歸降了。也正是因為這樣，當胡蘭帶著假新郎華雲龍來到黃州時，陳友諒歡天喜地，沒有絲毫的懷疑。而當假新郎華雲龍獻上那封絕密信時，陳友諒展信一看，發出爽朗的笑聲，這笑聲震耳欲聾，穿透雲霄，直入天際。

大難不死，必有後福

陳友諒在笑，張定邊卻在哭。作為陳友諒手下的得力幹將，作為兒時關係最鐵的夥伴，作為最早追隨陳友諒起義的張定邊，不但資格老，資歷老，見識也老。他仔細一思索，覺得事情有點兒不對勁。主要展現有二：一是如果正常水路行程，應該早好幾天就抵達了，準女婿「張仁」給出的解釋是江面風大，不利於行船，以致誤了行程。再問胡蘭時，他一臉的驚慌之色，說是張仁對江面的美妙風景十分迷戀，邊走邊欣賞所以耽誤了行程，兩人的「解釋」顯然略有出入，值得懷疑。二是按常理來說，舉事之事張仁只需帶來張士誠的口諭就行了，不必再寫這樣一封信，萬一這封信洩漏，豈不是「畫蛇添足」，而且寫密書這不符合老練警惕的張士誠的風格啊！

張定邊是個雷厲風行的人，他把心中的疑慮第一時間向陳友諒進行了彙報。然而，此時的陳友諒正在喜頭上，聽完他的彙報後，只是淡淡地說了一句：「你想得太多了，一個人不能沒有懷疑心，但疑心太重也是一種病啊！」說完拂袖而去，弄得張定邊怔在那裡足足數分鐘沒有動過。

第一次勸說失敗後，張定邊沒有放棄自己的「申訴」，很快想出了個辦法——現場揭發。佯裝喝醉了酒，提出了自己心中的疑惑，請求「張仁」現在解惑。假冒張仁的華雲龍自然不知道如何作答了，場面很尷尬，弄不好就要露馬腳了。好在關鍵時刻，叛變了的胡蘭成了救火隊員，搪塞著應了他的急。

結果可想而知，張定邊揭發不成功，反而打草驚蛇了。華雲龍見張定邊起了疑心，採取曲徑通幽的辦法，透過準新娘陳惠向陳友諒大打親情牌。陳友諒第一眼就喜歡上了「張仁」，時間久了，更是喜歡。當真驗證了這樣一句話：岳父看女婿，越看越滿意。也正是因為這樣，陳友諒再一次出人意料地不信任親密戰友張定邊的真話，而是深信「準女婿」的假話。

光陰飛轉，眼看離八月十五越來越近了，陳友諒叫全體士兵磨刀霍霍，準備在這一天大幹一場。張定邊急得像熱鍋上的螞蟻，坐立不安，最後很快上演的是第三諫 —— 鬧洞房。結果這一鬧，陳友諒很生氣，後果很嚴重。陳友諒心裡是這麼想的，你第一次鬧喜宴，我念在舊情上，既往不咎，但你非但不知悔改，反而變本加厲，現在又鬧到了我的頭上來了，不給你點兒顏色看看，不足以服眾啊！為此，張定邊付出的代價是，被摘掉了頭上的烏紗帽。少了張定邊這個絆腳石，陳友諒輕鬆多了。八月十二日，也就是距離約定日期還有三天，陳友諒親率大軍向九江口出發了。是啊，從黃州到九江口需要兩天的路程，此時出發才能在約定的日期順利到達啊！這一次，陳友諒沒有像往常一樣帶著舊寵張定邊，而是帶著新寵華雲龍。其實華雲龍是主動要求去的，陳友諒見「準女婿」這般「孝順」，高興都還來不及，自然沒有拒絕了。

走在路上的陳友諒一臉的興奮，想到馬上就可以割下朱元璋的首級了，他怎能不興奮！而隨行的華雲龍同樣興奮，想到自己這次「不辱使命」，馬上就要把陳友諒請入甕中了，他怎麼能不興奮呢！

就在這時，前方一陣騷動。「前方有人擋路。」一個士兵上前報告道。陳友諒眉頭緊鎖，定睛一看，但見一行人穿著孝服，抬著一口棺材。領頭的人雙目含淚，面容悲戚，模樣卻似曾相識。定睛細看，不是張定邊又是誰。

「你這是幹麼?」陳友諒眉頭緊鎖,行軍打仗最忌諱的就是遇上這種事情。

「苦海無邊,請主公回頭是岸。」張定邊淡淡地道。

「我現在已經在岸上,所以要去渡海,實現自己的夢想。」

「洪水無情,三思而後行。」

「無須再思,這一次我去定了,誰也阻攔不了。」陳友諒終於暴怒了,他命令士兵繼續前進。

張定邊突然收起淚水,對身邊的人喝道:「讓路!」

一路馬不停蹄,陳友諒帶著隊伍很快便來到了黎山。黎山再過去就是和張士誠約定會合地 —— 九江了。「大家先原地休息一下。」陳友諒見士兵們都精疲力竭了,便決定歇歇再進行「衝刺」。然而,士兵們解衣卸甲,剛躺下,就傳來了一陣鋪天蓋地的叫喊聲,然後四面八方都湧現出朱元璋的士兵來。

「不好,有埋伏,大家穩住,分兵拒敵!」陳友諒趕緊組織部隊應敵,然而這時成功打入陳友諒內部的「間諜」華雲龍該出手了,他乘機從陳友諒內部砍殺起來。這樣一來,陳友諒手下的大軍不戰自亂起來,沒法了,陳友諒只剩下撤兵這一條路可走了,這一退很快就退到了長江邊。此時放眼望去,江水又凶又急,卻無一艘船隻。「吾命休矣!」陳友諒長嘆一聲。正在這時,江邊茂密的蘆葦叢中突然湧現出成百上千的船隻來。為首一個,手持利劍,威風凜凜,大聲叫道:「都元帥,快上船,張定邊來也。」

陳友諒驚喜交加,跳上船,喜極而泣,握著張定邊的手,喃喃地說了三句話。

第一句話：不聽將軍言，吃虧在眼前。差點就陰溝裡翻船，不明不白栽在朱元璋這小子手上了啊！

第二句話：一定要給我抓住華雲龍和胡蘭，碎屍萬段。

第三句話：大難不死，必有後福。朱元璋，你給我等著，此仇不報，不共戴天。

劍走偏鋒

華雲龍是抓不到的，他早已龍歸大海，回到朱元璋身邊去了。胡蘭是不用抓的，他早已幡然醒悟，揮劍自刎了。朱元璋是不用等的，他早已磨刀霍霍，找上門來了。而陳友諒是不用愁的，他早已把自己關在廂房裡，進行反思了。

反思的結論是，13 世紀人才最重要。理由是朱元璋因為有了劉基，才想出了這麼一個請君入甕的好招。我因為有了張定邊，才能絕處逢生，不至於步項羽的後塵。如果能多一些良臣謀士，何愁打不敗朱元璋呢？

想明白了這一點，陳友諒馬上開始四處張羅人才。重賞之下必有勇夫，同樣的道理，重尋之下必有人才。很快，陳友諒手下便多了兩位得力謀士：黃昭和解觀；兩位得力幹將：祝宗援和趙普勝。

提起「雙刀將」趙普勝，細心的讀者還有印象。至正十五年（西元1355 年），朱元璋向集慶進軍的第一站，過長江時，當時在巢湖當土霸王的趙普勝原本有歸順朱元璋之心，但他把部隊交給朱元璋時，突然反悔了，覺得跟著朱元璋沒有什麼前程，於是「另擇高就」。後來便一直在尋找「明主」，這一找，最後把目標定在了「後起之秀」陳友諒身上。

「我看好你……」這是趙普勝見到陳友諒說的第一句話，直言不諱。

「我也看好你……」這是陳友諒對趙普勝說的第一句話，同樣直言不諱。

什麼叫惺惺相惜，由此可見一斑。

實施了引進人才策略後，陳友諒很快煥發第二春。馬上率大軍占領

了元軍把守的江南重鎮安慶城。這一戰中，趙普勝大發神威，一舉奠定了「應急先鋒」的地位。小試牛刀，就取得了不錯的效果後，陳友諒決定攻打朱元璋的軍事重鎮——池州，以報九江口潰敗之心頭大恨。

這一次的應急先鋒還是趙普勝，他主動請纓，陳友諒自然不會拒絕了。鑑於他在安慶城的不凡表現，陳友諒對他充滿期待。結果趙普勝再一次不負陳友諒重望，帶領三萬先頭部隊，佯裝從陸地上去進攻池州，暗地裡大部隊卻從水上偷渡到了池州城下，結果偷襲得手，兵不血刃便把池州城占領了。

於是，在前兩個回合的交戰中，朱元璋和陳友諒應該是一比一，打平了。接下來上演的是第三回合的較量。

話說朱元璋聽說池州丟了，驚得雲裡霧裡。池州一丟，集慶便像個裸露的嬰兒，岌岌可危啊！為了奪回這個軍事要地，朱元璋馬上派他手下的頭號大將徐達帶三萬人馬去奪回池州。徐達那是啥人物，他一出手自然非同小可。

他來了個以其人之道還施其人之身。他也是佯裝從陸地上進攻，暗地裡卻以水軍進軍，結果打了趙普勝一個措手不及，池州城很快就易主了。被打敗的趙普勝只好灰溜溜地回到了安慶。收復了池州，徐達對趙普勝的評價：不過如此耳。於是帶兵退回了集慶。

那趙普勝豈是輕易肯認輸的主兒，聽說徐達和自己一樣，在池州城裡連屁股都還沒坐穩就走了，他覺得這是重立威名的大好時機。於是乎，帶領大軍再向池州行。結果池州再度成了趙普勝的囊中物。

就這樣，池州如變戲法般在飛快地易著主，與其說是陳友諒與朱元璋的較量，不如說是趙普勝和徐達之間的較量較為合適。能和自己手下第一猛人過招，且不分伯仲，這讓朱元璋很驚詫，更為驚慌的是，在一

次又一次的攻防戰中，朱軍每次對趙普勝都忌憚三分。看樣子，趙普勝一天不除，朱元璋一天就不得安寧。對此，朱元璋決定虎口拔牙，先除去趙普勝這個眼中釘、肉中刺再說，這樣，一來可以斬斷陳友諒的左膀右臂，二來對陳友諒也可以造成殺一儆百的作用。

可是，要怎樣除掉他呢？硬碰硬地想要在戰場上消滅他，難度係數為 9.9。趙普勝的勇猛在這數次池州攻防戰中已表現得淋漓盡致，連自己的「虎痴」徐達都對他無可奈何，這個趙普勝至少也有「虎嘯」之威。既然硬槓效果不太好，那麼就只能來智取了，可要用什麼樣的計謀呢？

就在朱元璋陷入沉思時，他三顧茅廬請來的手下第一謀士劉基又登場亮相了。他只跟朱元璋說了三個字，就讓朱元璋喜笑顏開。

「反間計。」劉基說出這三個字後，還馬上進行了解析：一是陳友諒雖然有勇有謀，但性格狡詐多疑，屬於典型的鼠目寸光之人；二是趙普勝雖然勇冠三軍，但是性格過於剛猛，屬於典型的有勇無謀之人。結論：用反間計可使兩人相互猜忌，各懷鬼胎，勢不相容。

對於劉基的計謀和分析，朱元璋同樣惜字如金，只說了四個字：「妙不可言」。

計謀定下，接下來便是實行的時候了。具體的做法如下，概括起來可以有三步驟。

第一步：賄賂。賄賂誰呢？賄賂趙普勝手下的一個超級謀士，據說這個謀士上通天文下知地理，知兵法通謀略。都說一個好漢三個幫，一個籬笆三個樁。趙普勝之所以能橫行天下，戰無不勝，除了自己勇猛外，也離不開這個謀士的鼎力支持，因此，趙普勝對他也是相當器重。劉伯溫透過分析認為，可以從這個謀士這裡尋找突破口。

第二步：造謠。有錢能使鬼推磨，這話一點兒不假。面對朱元璋的

糖衣砲彈，這個超級謀士很快便成了超級殺手，這個謀士充分發揮能說會寫的優勢，開始替朱元璋的第二步行動造勢。他四處散布謠言，一方面是虛誇趙普勝作戰如何如何厲害，如何如何英勇，如何如何善戰，戰績如何如何輝煌，如何如何高明；另一方面說陳友諒如何如何忌妒賢才，如何如何雪藏趙普勝，如何如何不重用趙普勝。結論是，趙普勝如何如何追悔莫及，如何如何想另擇良主，如何如何想除去陳友諒，如何如何想回到朱元璋身邊……總之，事情是如何如何地複雜，情況是如何如何地不妙，社會是如何如何地多變。

謠言之所以成為謠言就是因為傳播的速度過快。眾口鑠金，積毀銷骨，當謠言傳得滿城風雨時，陳友諒不知道那是不可能的事了。面對這樣嚴重的問題，陳友諒顯得很平靜，他不動聲色，很快也來了個三步驟：

第一步：調查取證。陳友諒馬上派了心腹之人曾法興去調查這件事。曾法興是天完軍「大哥大」級別的人物，在軍中素有威信，而且和趙普勝也是老交情。趙普勝是個性情中人，平常說話大大咧咧慣了，此時眼看老朋友來了，不但嘴裡吟著「有朋自遠方來，不亦樂乎」之類的話，而且並沒有意識到曾法興這次不是敘舊的，而是來調查他有沒有「違紀違規」的行為。於是乎，在接下來的談話中，他充分發揮口無遮攔的作風，天南地北一陣亂侃，最後又炫耀自己的種種功勞，發洩自己的一些牢騷。大有黃河之水天上來，滔滔不絕之氣概。

曾法興聽了臉色凝重，回去後一五一十地向陳友諒進行了彙報。陳友諒聽了臉色更加凝重，對趙普勝由將信將疑演變成完全懷疑。

於是，陳友諒馬上來了個第二步：開會論證。把陳普文、張必先、張定邊等文將召集來召開了一次內部分析會。得出的結論：謀反之心有之，謀反之證據不足，還需繼續觀察留看。

就在陳友諒又是調查又是論證時，朱元璋將反間計進行到底，馬上上演第三步：出兵。他集中優勢兵力，對趙普勝進行了猛攻，結果，趙普勝防守的責任區當中的兩座小城連線被攻占。朱元璋得了城池還不忘「賣瓜」──繼續造謠。又在敗兵中收買人四處製造謠言，說趙普勝跟朱元璋暗地來往，故意把城池獻給朱元璋，再下一步就是要獻上陳友諒的人頭作為投奔的大禮了。

鐵證如山，不容改變。原本就多疑的陳友諒沒有再選擇沉默。他也馬上來了第三步驟：出兵。立即帶著五萬水師往安慶趕，並且美其名曰：解圍。

趙普勝聽說陳友諒不遠千里親自帶兵來為其解圍，既高興又感動。立即帶兵衝破朱元璋布下的「天羅地網」，想要和陳友諒來個「牽手」，以示內心的感激之情。然而，他不會料到，等待他的將是他命運的終點。他剛一踏上陳友諒的指揮船，伸出去的手沒有握住陳友諒的「玉手」，而是握住了冰冷的鐵銬。他還沒有明白是怎麼回事，已被綁了個狗啃泥。

「啊……」他正要詢問是怎麼回事時，陳友諒卻沒有給他機會，只見他大喝一聲道：「拉下去砍了！」可憐的趙普勝空有一腔熱血，空有一身本事，空有一顆紅心，空有一個遠大志向，卻無處施展了。陳友諒來時就想好了，為了不讓自己過不了「親情關」和「友情關」，他決定以快制快，把一切感情消滅於無形中。因此，趙普勝沒有機會再陳述了，因為刀斧手那冰冷的刀很快就把他的人頭砍下了。然而，當趙普勝的人頭落地的那一瞬間，陳友諒突然醒悟了什麼似的，心裡暗叫道：不好，我中計了。當他不顧一切地衝上前時，一切都已經悔之晚矣。趙普勝已和他陰陽兩隔了。

就這樣，在這一回較量中，顯然是朱元璋再次取得了優勝。誘使陳友諒斬殺了他手下的「虎嘯」趙普勝，為他拔去了眼中釘、肉中刺，也為他和陳友諒終極對抗的勝利奠定了堅實的基礎。

也難怪，朱元璋在這一回合獲勝後，笑得燦爛無比，笑得驚天地泣鬼神，邊笑邊大聲叫道：「陳友諒蠢材一個，趙普勝莽夫一個，這天下，唯我朱元璋絕頂聰明。」

果然，當朱元璋再次向池州發起總攻，失去了趙普勝這個「鐵閥」後，池州很快又成了朱元璋的一畝三分地了。再接著整個東線的形勢都完全發生了逆轉，很快成了朱家的天下。這當真是：「一步行來錯，回頭已百年。古今風雨鑑，多少泣黃泉。」

秋後算帳

　　面對著兵敗如山倒，陳友諒後悔之餘，更多地思考著對策。最後對策沒有想出來，但又不能阻擋朱元璋連勝的鋒芒，最後決定採取「退一步海闊天空」，把都元帥府從龍興遷移到江州去了。君子報仇，十年不晚，咱打不起，還躲不起嗎？陳友諒是樣想的。

　　但天完皇帝徐壽輝卻不是這麼想的，他說怎麼能放棄龍興這樣的風水寶地，去江州這樣的彈丸之地呢？

　　徐壽輝決定去江州問個究竟，然而此時的徐壽輝太不自量力，他早已淪為傀儡皇帝，手中幾乎沒有兵權了。除了太師鄒普勝鼎力支持他外，他幾乎成了光桿司令了。他應該過的生活是今朝有酒今朝醉才對，他高估了自己的能力，卻低估了陳友諒的野心。因此，當他風風火火地趕到江州時，陳友諒立即給予他最高級別的招待。隨後讓徐壽輝整天吃香的喝辣的，睡好的躺軟的，除此之外，別無他事。

　　其實，陳友諒一直擔心徐壽輝在背後搞小陰謀，這下徐壽輝自己送上門來，他當然不客氣了。就這樣，陳友諒「軟禁」徐壽輝後，解除了後顧之憂。這當真印證了這樣一句話：失之東隅，收之桑榆。

　　接下來便是再找朱元璋算帳的時候了。於是乎，陳友諒決定再向池州行。是啊，要想攻打或是拿下朱元璋的根據地集慶，就必須拿下池州這個軍事要地。於是，陳友諒和朱元璋馬上上演的是第四回合的大戰。

　　朱元璋為了守住池州，把正從浙江前線奮戰的常遇春抽調過來協助徐達守池州。朱元璋手下最勇猛的兩員虎將齊聚池州，可見朱元璋對陳友諒的重視程度，可見池州的分量。

饒是如此，朱元璋還是不放心，於是又請劉基獻破敵之策。是啊，劉基接連妙計成功後，已牢牢坐穩了第一謀士的位置。劉基此時只說了八個字：分兵拒之，出奇制勝。

朱元璋很快就將策略部署傳達給了池州城裡的徐達和常遇春。而徐達和常遇春也沒有令朱元璋失望，他們很快知道該怎麼做了，於是事先進行了布防，並且在城外的九華山分兵，做好了埋伏。最後，靜候陳友諒的到來。

結果可想而知了。陳友諒來攻池州，被城內的徐達和城外的常遇春前後一夾擊，又是一敗塗地。陳友諒雖然在部將的保護下順利突出重圍，但這一仗戰死了萬餘人，還有三千兵馬成了俘虜。用一句話可以形容陳友諒此時的心情：舊仇未報，又添新恨。第四次大戰，還是以陳友諒失利告終。

前四個回合戰成一比三，然而，陳友諒並沒有灰心和氣餒，他是個經過大風大浪的人，在人生的起起落落中，他什麼沒見過？眼前這點失敗對他來說並不算什麼。事後，他說了這樣一句話：心若在，夢就在，人生只不過是從頭再來。果然，他很快整頓人馬，和朱元璋上演第五次戰鬥。

這一次，陳友諒臥薪嘗膽，發誓一定要讓朱元璋嘗嘗失敗是什麼滋味。為此，他來了個兩步驟。第一步，丟煙幕彈。陳友諒派出使者帶著厚禮前往集慶去「賠禮」，無非是表達兩層意思：一是池州爭奪戰純屬誤會；二是呼籲雙方重新回到和平的政治軌道上來，擱淺爭議，和平共處。

對此，心知肚明的朱元璋要使者轉達他的兩層意思：一是對雙方的誤會深表遺憾和內疚；二是和平共處有利於雙方的共同發展，有利於團結。

使者走後，朱元璋馬上給池州的徐達和常遇春下了這樣一道命令：趕緊修城築壘，加緊招兵練兵，接下來又要上演池城保衛戰了。

對此，常遇春道：「陳友諒不是被打得一敗塗地嗎？我看他是不敢這麼快再來吧！」而徐達是個穩重之人，還是按照朱元璋的指示準備著。乍一看，陳友諒丟的煙幕彈非但不成功，反而有打草驚蛇之嫌。但事實上，這只是陳友諒故意扔下的煙幕彈，實乃「投石問路」之舉，只要分散朱元璋的精神和注意力就達到了目的，而接下來才是他亮劍的時候。於是乎，陳友諒馬上上演第二步驟：亮劍。大舉進攻太平。按常理要進攻太平，就必須先拿下它的保護傘——池州。但陳友諒決定繞過池州，進攻太平，顯然是經過深思熟慮的。你們總以為我要麼不出兵，一出兵必然會是對池州動手。我現在來個逆向思維，反其道而行之，繞過池州去攻太平，一來可以造成出奇制勝的效果，二來可以博得出手不凡的美譽。

太平是朱元璋當年從和州渡江之後所占領的第一座城池。也正是有這個落腳點，朱元璋接下來才接連攻下了採石磯和集慶等地，從而完成了「諸侯」夢，地理位置之重要可想而知。然而，因為太平外圍有池城、銅陵、蕪州等城，因此，朱元璋一方面在戰術上重視對手，派了他的義子朱文遜、「黑先鋒」花雲、太平府知府許瑗、樞密院院判王鼎等重將把守太平。但另一方面在策略上卻蔑視對手，安排守太平城的兵力只有五千餘人。或許在朱元璋的眼裡，兵貴於精，而不在於多，有五千兵力足矣。

然而，陳友諒就是看準了這一點，你太平既然防守空虛，我就要見縫插針，專攻你的薄弱之處。結果可想而知，當陳友諒的大軍從天而降直抵太平時，太平城幾乎沒有什麼防備，朱文遜和花雲等四大天王只好倉皇應戰。幸虧四大天王也不是浪得虛名的，特別是花雲，這個黑先鋒曾是朱元璋出兵打仗的不二先鋒，可以用戰功赫赫來形容。直到常遇春到來後，才奪了他第一先鋒的交椅。此時雖然兵馬少，但在他的帶領下，防守起來一點也不含糊。他憑著有利地形，接連打退了陳友諒的進攻，硬是連守了三天，確保太平安然無恙。

這一次陳友諒帶了十萬精兵，武器裝備也是最先進的。此時居然攻不破僅五千人把守的小小太平城，這不能不令陳友諒大為光火。於是，他親自來到了太平城外，苦思破敵之策。思來想去，搜腸刮肚，居然想不出良策來，陳友諒不由得鬱悶至極，心裡嘆道：這個朱元璋莫非有神助，當年那個戰無不勝攻無不克的陳友諒到哪裡去了呢？

這時，天氣悶熱，再加上心頭急，額頭的汗水如雨般滲出來。再看地下時，樹蔭下的泥土滲出水漬來。陳友諒突然想起了什麼，嘴裡喃喃叫道：「天助我也。」

他立即叫士兵們停止猛攻，全部就地進行休息。直到第二天晚上，陳友諒突然召集手下士兵，說了這樣一句話：「大家都隱藏於樹林之下，準備避雨，大雨過後準備攻城！」陳友諒說完這句話，天空突然傳來幾道響雷，然後便是傾盆大雨滾落下來。那雨越下越大，很快便氾濫成災。雨一直下，陳友諒也沒有停歇，從他的大本營連夜調來了他的戰艦。戰艦隨著暴漲的洪水一路暢通無阻來到了太平城下。水漲船高，戰艦很快可以和太平城的城牆比高了。

雨終於不下了，陳家軍卻下來了。他們順著鉅艦下到太平城已如履平地。就這樣，陳家軍很快就進入了太平城。接下來毫無懸念，通報結果就行了，太平城失守，朱文遜、許瑗和王鼎三人帶著五千朱軍全部戰死，唯一的倖存者花雲也成了階下囚。

陳友諒愛惜花雲是個人才，對他進行了勸降，但無論陳友諒怎麼甜言蜜語，花雲只有一句話：頭可斷，血可流，忠臣不事二主。最後沒辦法，陳友諒只好把他綁在旗桿上，給他進行了隆重的「箭羽葬」。

陳友諒攻下了太平，對池州來說，就像在它的心臟插了一把利劍，早已搖基動礎了。因此，當陳友諒挾著勝利的餘威再向池州出發時，已

無險可守的池州幾乎兵不血刃便被占領了，而池州的守將眼看守不住，
便來了個「跑得快」，這才保全性命。

　　至此，陳友諒連奪了朱元璋太平和池州兩座軍事要地，斬殺朱元璋
四大猛將，陳友諒在第五回合的較量中以壯士斷腕的英雄氣概力挽狂
瀾，改變了命運，扭轉了頹勢，獲得了光明，贏得了希望。

取而代之

　　第五回合大捷後，陳友諒收穫的不但是城池，而且還有名譽和地位。一夜之間到達了頂峰。對此，陳友諒心中產生了秦末項羽一樣大膽的想法：取而代之。是啊，他現在儘管風光無限，但畢竟在名義上還是附屬於天完皇帝徐壽輝。儘管徐壽輝已是他的籠中鳥，但徐壽輝一天存在，他心裡就一天不得安寧，也正是因為這樣，他大獲全勝後，首先想到的居然是徐壽輝。是啊，如果這一次他失敗了，徐壽輝可能還是安全的，因為他需要徐壽輝來做擋箭牌，來背政治罵名。然而，這一次，他絕地反擊，成功了，不但成功了，而且是大獲成功。這成功帶來巨大的滿足和轟動效應，讓他飄飄然起來。因此，徐壽輝所處的地位就顯得特別尷尬，顯然是多餘的了。總不能讓你來分享我勝利的成果，總不能讓你來竊取我成功的果實啊！因此，陳友諒「取而代之」的想法是符合人之常情的。

　　而正在這時，那些善於察言觀色的手下大將，顯然從陳友諒的臉上和眼神裡讀懂了他的意思，於是乎，紛紛勸陳友諒，還是四個字：取而代之。

　　心中所想，再加上手下的支持，陳友諒頓時豪情萬丈，信心百倍。因此，這件事很快就提上了議程。對此，做事一向有條不紊的陳友諒來了個兩步驟。

　　第一步是取。是啊，只有「取」，才能「代」啊！也正是因為這樣，陳友諒朝身邊的張定邊使了一個眼色，心有靈犀一點通。張定邊自然知道該怎麼做了，千言萬語抵不過一句話，張定邊就為這個眼色，馬

上給徐壽輝一個更狠的眼色，結果徐壽輝的人生也就「身不由己」地走到了終點。

　　就這樣，徐壽輝「意外」身亡後，陳友諒裝模作樣地抹了一把眼淚，然後開始了第二步驟 ──「代」。是啊，江山代有才人出，各領風騷數百年。現在是該他陳友諒「代」的時候了。他接下來馬不停蹄地上任了。

　　時間：元至正十九年（西元 1359 年）。

　　地點：採石磯的翠螺山。

　　人物：陳友諒。

　　事件：登基大典。

　　國號：大漢。

　　過程：祭拜天，祭拜地，祭拜神靈，祭拜祖先……最後黃袍加身大功告成。

　　分封，這個才是關鍵，大夥等的就是這個。

　　封陳善（陳友諒的大兒子）為大漢國太子。

　　封鄒普勝（已識時務地歸順陳友諒）為大漢國太師。

　　張必先被封為大漢國蓮臺省丞相。

　　歐普祥（原天完國舊臣）被封為大司徒。

　　張定邊被封為太尉，樞密院副使。

　　陳友仁、黃昭被封為蓮臺省平章政事。

　　餘木春、解開、尹傅被封為參知政事。

　　陳友貴、王奉國被封為樞密院同知。

　　于光、康泰、趙琮、熊天瑞、辜文才被封為樞密院副使。

陳普文封為湖廣行省丞相。

胡廷瑞被封為江西行省丞相。

鄧克明被封為江浙行省丞相。

祝宗援被封為淮江行省丞相。

明玉珍被封為四川省丞相。

值得一提的是明玉珍。他原本是倪文俊手下的得力幹將之一，倪文俊被陳友諒吞併後，明玉珍以進攻川蜀之地為由，帶領所屬數萬軍隊選擇了「出走」。後來便一直在西蜀一帶活動。陳友諒這時稱帝，封他為四川省丞相，顯然是想給他一個官職，以安撫他的心。然而，明玉珍也不是省油的燈，他聽說陳友諒踏著徐壽輝的屍體登基後，立即就翻了臉，面對陳友諒的安撫，明玉珍除提出強烈譴責和抗議外，還來了個拒絕接受。緊接著他自立為隴蜀王。兩年後他選擇了步陳友諒後塵，開始稱帝，建國號為夏，定都於重慶。西元 1371 年，朱元璋在相繼消滅天下群雄後，對他也進行了遠征，結果明玉珍儘管進行了最後一搏，卻還是落得個不得善終的下場。這是後話。

第十五章
悲喜兩重天

苦肉計

陳友諒稱帝後，新建立的大漢國呈現出一片欣欣向榮的景象。附近一些小股的起義軍都覺得他是一個績優股，因此，紛紛要求投資入股。陳友諒這時正是「融資入股」的時候，自然來者不拒，就連自從聯姻失敗後一直不見動靜的張士誠也有了新的動靜（他是投鼠忌器，兒子張仁自從被朱元璋扣留後，他哪敢輕舉妄動啊），他沒有要求入股，而是要求聯合控股──夾擊朱元璋。

俗話說天時不如地利，地利不如人和。陳友諒一看擁有了人和，頓時信心倍增，目標再度對準朱元璋的根據地──集慶。因此，陳友諒和朱元璋第六次大戰上演了。

陳友諒這一次也是勢在必得，他親自掛帥，帶領自己強大的水軍，帶著數百艘大型戰艦，鼓聲震天，旌旗蔽日，從長江上游飛流直下，目標直指集慶。場面可以用浩浩蕩蕩、連綿不絕來形容。

與陳家軍的意氣風發相比，這時的朱家軍卻頹廢低迷。原因很簡單，此消彼長，陳友諒偷襲太平一戰打得太漂亮太完美了，打得朱家軍心驚膽顫，此時聽說陳友諒來攻打集慶，不由得人心惶惶。有的主張棄集慶，另謀他就；有的主張投奔小明王，尋求庇護；有的左右搖擺不定，一半想戰，一半想降。

陳友諒大兵壓境了，朱家軍還在「左右搖擺」中，眼看形勢危急，朱元璋不得不召開一次緊急軍事擴大會議，召集手下文武重將共商對策。結果，場面熱鬧，有主張降的，有主張戰的，有主張和的，有主張逃

的。總之，公說公有理，婆說婆有理，各抒己見，互不相讓。結果可想而知，會議很失敗，朱元璋很沮喪。

但關鍵時刻，何以解憂，唯有劉基。劉基教會了朱元璋三個關鍵句：

第一個關鍵句──當斷不斷，必受其亂。解析：現在形勢很危急，我們不能坐以待斃，要明確目標，統一思想，堅決進行集慶保衛戰才是唯一出路，否則就只有死路一條。

第二個關鍵句──人心齊，泰山移。解析：陳友諒看似強大，實際上很脆弱。他弒主稱帝，便是不仁不義、不忠不孝，他的內部看似乎和，但實際上一定是人心渙散的。只要我們團結一致，同心同德，打敗陳友諒不是痴人說夢。

第三個關鍵句──多算勝，少算不勝。解析：要打敗陳友諒，要靠智取，四兩撥千斤嘛！

朱元璋是何等人物，自然一點就通，於是，他馬上做了兩件事。

第一件事，殺一儆百。他抓了幾個主降和主逃的將領直接送上刑場，開刀問斬，並且發出這樣的話：以後再有言降敗逃者，格殺勿論。

第二件事，虛心請教。自然是請教劉基了。劉基只說用智取，那麼智從何來呢？

面對朱元璋的虛心請教，劉基不再轉彎抹角，說了兩句話。第一句話：使用苦肉計；第二句話：要委屈一下康茂才。

那麼，劉基為什麼會把苦肉計挨刑的人選定為康茂才呢？這當然不是劉基和康茂才有什麼過節，劉基想藉此公報私仇，而是因為康茂才這個人不簡單。

原來康茂才和陳友諒是老朋友。兩人曾經一起「扛過槍」，但後來兩

人志相同卻道不同，於是分道揚鑣，一個當了人民的「英雄」（起義），一個當了元廷的「鷹爪」（做官）。朱元璋攻克集慶時，康茂才終於選擇了立地成佛，回頭是岸，投靠了朱元璋。就是這麼一段幾乎連康茂才也差點淡忘了的舊交情，劉基卻看得清清楚楚，明明白白。於是，他想到了以康茂才為誘餌，釣陳友諒這條大鯊魚上鉤。

接下來，朱元璋該行動了，他首先找來康茂才進行了一次單談的談話，談話的內容很簡單：做康茂才的思想工作。無非是叫他受一點皮肉之苦，受一點不白之冤，受一點難消之氣。面對朱元璋聲情並茂的勸說，康茂才表現得很大度和通情達理。朱元璋和康茂才很快上演了一個願打一個願挨的演技大比拚。故事很老套，詳情參見《三國演義》裡的周瑜和黃蓋的苦肉計。朱元璋以「莫須有」的藉口和理由，狠狠地打了康茂才一頓。「氣憤」的康茂才，寫了一封「血書」給陳友諒。表達了三層意思：一是我被朱元璋這個烏龜王八蛋打了；二是作為老故交，這口惡氣兄弟你一定要幫我出；三是你來攻集慶我願為內應。我會在城外江東橋相候，誆開城門，直搗朱元璋帥府。

陳友諒接到信後，表情有二：一是喜，喜不自勝；二是笑，笑逐顏開。然後對康茂才送信的親信回了一個字：行。分頭行動。意思是就按您的意思辦，我馬上進軍，你一定要來接應哦。

這其中陳友諒的親信張定邊表情有二：一是憂，憂心如焚；二是愁，愁眉苦臉。然後教會了陳友諒一個關鍵句：君子之交淡如水，小人之交甘若醴。解析有二：一是主公與老康之交早而淡，久而疏，已超過了淡如水、甘如醴的境界，成了情已斷、難再續的尷尬；二是老康是君子還是小人還不得而知，他現在在朱元璋手下正風光，突然反戈一擊投奔主公，居心何在？良心何在？用心何在？

然而，對於太尉張定邊的忠言，陳友諒再一次鬼使神差地當成了耳邊風，並且悠悠地回了這樣一句話：人而無信，不知其可也。

對此，張定邊只有搖頭嘆息的份兒了。

元至正二十年（西元 1360 年）的六月二十三日，這一天對於朱元璋來說是刻骨銘心的。因為這一天，他體會到了什麼叫「當勝利來敲門」。同樣，這一天對於陳友諒來說也是刻骨銘心的，因為這一天，他再次體會到了什麼叫窮途末路。

這天深夜，陳友諒水陸大軍兵分三路，齊頭並進，以神不知鬼不覺的方式出發，目標直指朱元璋的老窩所在地 —— 集慶。很快，陳友諒的大軍便到達了江東橋，此時夜半三更，漆黑一片，四週一片寂靜，唯有河水擊打聲帶來了些許生機。陳友諒揮了揮手，一名親信走上船頭，大聲喊著約定暗號：「老康，老康，老康！」聲音遠遠傳出去，良久，四周依然寂靜一片，並無回聲。這時陳友諒朝身邊的張定邊使了一個眼色，張定邊走向船頭，輕輕一躍，落到了那橋上，紮了一個馬步，挺胸收腹，大喝一聲「起」，雙掌猛然揮出拍打在橋欄上，張定邊只覺得雙手一陣椎心的痛，那橋卻安然無恙。

「回主公，這是一座石橋。」

「明明是一座木橋，怎麼變成了石橋了呢？」陳友諒嘴裡說著，臉色卻立刻變了，心裡暗叫道：「不好，中計了！」於是乎，他趕緊下令撤退。

然而，事情到了這種地步，已來不及了。果然，陳友諒一下撤退的令，數萬人馬轉身不是那麼容易的事，很快就亂成了一團。是啊，生命誠可貴，誰不想保全自己的性命，正所謂留得青山在，不怕沒柴燒嘛。

就在陳軍大亂時，只聽見三聲炮響過後，埋伏在附近山上的朱軍開

始發威了。頓時震耳欲聾的喊殺之聲鋪天蓋地而來。

　　形勢危急中，陳友諒不愧是身經百戰之人，只見他臨危不亂，一面命令船隊繞道而行，不准上岸，一邊把自己的親弟弟陳友仁叫來，吩咐道：「你來當應急先鋒，往龍灣撤軍！」

　　事實證明，陳友諒關鍵時刻應變之舉還是很識時務的，船隊不靠岸，成功避開了朱元璋在河兩岸設下的天羅地網。往龍灣進軍，使全軍有了明確的退軍方向，不再漫無目的地亂竄。果然陳友仁也沒有令他哥哥失望，天亮時，陳友仁的先頭部隊衝破層層阻擋，來到了龍灣。隨後陳友諒的大部隊也成功抵達龍灣。這時，陳家軍早已餓得前胸貼後背了，陳友諒於是決定就地安鍋挖灶，煮飯的煮飯，休息的休息，準備填飽了肚子再伺機進攻。

　　然而，事實證明，這只是陳友諒一廂情願的想法，這只不過是在尋找「安樂死」而已。因為這時朱元璋的主力便埋伏在龍灣後背的盧龍山上，他們靜靜地觀看著陳家軍的舉動。原來朱元璋在送信之後，做了兩件事：一是派人連夜把江東橋的木橋拆了，再建了一座堅硬無比的石橋。二是在石橋建成後，馬上出動傾巢之兵，埋伏在盧龍山靜候陳友諒這條大魚上鉤。果然，陳友諒最終還是逃到了朱元璋設下的包圍圈內。當然，這時的朱元璋卻並不急著馬上發動總攻，就算是甕中捉鱉，也要掌握時機，掌握火候。朱元璋在等待最好的時機。夏天的天氣如娃娃的臉，說變就變，剛才還是豔陽高照，轉眼間便是烏雲密布，不一會兒，雨便稀里嘩啦下個不停。飯不能煮了，休息也休息不好了，陳家軍士兵四處尋找避雨的地方。

　　正在這時，朱元璋大手一揮，士兵們從四面八方殺向陳軍，領頭的是徐達和常遇春這對人見人怕的雙子星。而這時，張德勝的水師也已追

擊過來了。這樣一來，裹挾其中的陳家軍只有潰逃的份兒了。

過程這裡就不贅述了，趕緊通報陳朱第六回合交戰結果吧：朱元璋大勝，史稱龍灣大捷。陳友諒損失有三：一是損兵，陳家軍被殲萬餘人，被俘兩萬餘人；二是折將，陳友諒手下大將張志雄、梁鉉、俞國興、劉世衍等選擇了投降；三是破財，損失財物無數，損失戰艦百餘艘，包括「混江龍」、「塞斷江」等超級巨艦。

也正是因為這樣，朱元璋登上陳友諒所乘的龍艦——「混江龍」，搜出康茂才的詐降信後，頗為得意地對陳友諒進行了點評，評語用了四個「至極」：愚昧至極，愚蠢至極，愚魯至極，愚笨至極。

持久戰

其實龍灣一戰，陳友諒的戰敗還要加上第四點：丟城。因為張志雄等人歸順朱元璋後，為了將功贖罪，他們馬上向朱元璋提供了一條很重要的情報：安慶空虛。於是乎，就在陳友諒突圍之後，朱元璋馬上派徐達來到了安慶，陳友諒又不會唱空城計，結果徐達幾乎兵不血刃就占領了這座空城。

第六回合的慘敗和第一回合一樣，如出一轍。陳友諒太過於相信自己的「直覺」，意氣用事，一意孤行。也正是因為這樣，這一次敗得更徹底，敗得更悽慘，敗得更無助。當然，陳友諒唯一的優點就是，他是個從哪裡跌倒就從哪裡爬起的人，從不輕易言敗。因此，就在手下士兵還在言敗時，他卻在言勝了。一年後，也就是至正二十一年（西元 1361 年），陳友諒派手下「戰神」張定邊來了個出其不意 —— 反擊，結果出奇制勝 —— 奪回了安慶。

朱元璋也不是省油的燈，見陳友諒重新奪回了安慶，馬上採取了「聲東擊西」之策，一方面佯攻安慶，做出不奪回安慶誓不罷休的樣子。另一方面主攻陳友諒的老巢江州。結果可想而知，儘管安慶城在戰神張定邊的防守下，固若金湯，但江州很快成了一座孤城……

這一回合的交戰結果是，陳友諒舊仇未報，再添新恨。具體表現為：

一是失城。首先是江州在朱軍的猛攻下很快宣告失守（陳友諒還是充分發揮跑得快的精神才免做俘虜的危險）。江州不保，安慶豈能獨撐，跟著再度失手。與此同時，很快南康東流、黃州、廣濟、建昌、蘄州、

饒州等地相繼成為朱元璋的一畝三分地，真可謂兵敗如山倒。

二是折將。在江州保衛戰中，太師鄒普勝戰死，這無異於斷了陳友諒一臂。緊接著安慶失守後，江西行省丞相胡廷瑞投降了朱元璋。朱元璋聽取劉基的建議，滿足了胡廷瑞「編制不變、待遇不變、人員不動」的要求，結果引來陳友諒手下祝宗援、康泰、于光、丁普郎等人的加盟。

總之一句話，這一戰之後，江西全境、湖北大部分地區都變成了朱元璋的後花園。

至正二十二年（西元 1362 年），朱元璋沒有心思欣賞春暖花開的美景，而是本著宜將剩勇追窮寇的原則，派徐達和常遇春這對雙子星繼續深入湖北境內，向陳友諒的軍事重地黃州進軍。這是朱元璋和陳友諒之間的第八回合大戰。

這時的陳友諒已退守武昌，而黃州就是武昌的門戶，戰略意義當然相當重要。也正是因為這樣，陳友諒派出和朱元璋手下雙子星交戰的是手下重量級將領陳普文。陳普文作為陳友諒的叔父，是元老級人物，從陳友諒參加起義時就追隨他，立下過赫赫戰功，他和張定邊有著陳友諒左膀右臂之稱。但事實證明，還是朱元璋的雙子星更勝一籌。因為黃州終究還是失陷了。

如果只用一句話來形容陳普文，那就是雖敗猶榮。為什麼這麼說呢？因為朱元璋的雙子星是費了九牛二虎之力才攻破黃州的。從傷亡報告中就可以看出端倪來了，陳家軍戰死和歸降士兵各為七千餘人，損失總兵力約一萬五；而朱家軍戰死兩萬餘人，傷殘萬餘人，逃散萬餘人，損失總兵力四萬餘。兩相一比，朱家軍比陳家軍多損失兩萬餘人。而陳家軍付出的最慘重代價就是陳普文在黃州保衛戰中光榮犧牲了。

黃州失守，陳普文戰死，這兩相抵消，才緩解了朱軍多損失兩萬的兵馬之痛。雙子星徐達和常遇春自然不會故步自封，而是馬上再度向陳友諒的新的立足地武昌進軍。能拿下武昌，那麼損失這麼多士兵的「過」，也就可以透過這個「功」來彌補了。

當然，陳友諒自然不會讓他們的陰謀輕易得逞，要想攻武昌，先過葛州這一關再說。而守葛州的正是陳友諒的戰神張定邊。

徐達和張定邊已不是第一次交手了，知根知底，也知道對方都不是好惹的。因此，這一次在和張定邊交戰時，徐達先派康茂才來葛州「投石問路」。結果康茂才這一問路，路費貴得驚人：折將數名，折兵三萬餘人，折船數百艘。

陳友諒和朱元璋第八回合交鋒中，陳友諒損失了一城（黃州城）一將（陳普文），外加兩萬餘漢軍。而朱元璋得到了一城（黃州城），損失兵馬卻超過了五萬。因此，從這一回合雙方交戰結果來看，其實應該是平分秋色、難分伯仲才對。

一座小小的黃州，付出的代價如此慘重，朱元璋痛定思痛後，決定暫停對陳友諒這個窮寇進行趕盡殺絕，而這時的陳友諒也因為接連失利，不敢再輕舉妄動。於是乎，朱元璋和陳友諒難得默契地進入了一個嶄新的階段 —— 和平共處。

當然，這和平共處，其實只是表面現象，而搏鬥中的朱元璋和陳友諒其實都用鷹隼的眼睛盯著對方，等著對方露出破綻來，再進行致命一擊。那麼等待的結果又會是怎麼樣呢？事實上，是陳友諒等來了機會，因為朱元璋百密一疏，終於露出了隱藏在「鐵布衫」和「金鐘罩」外的「命門」。

陳友諒能否抓住這千載難逢的機會，在第九回合中，給朱元璋致命一擊呢？

▌一字值千金

　　人生不可能一帆風順，就在朱元璋順風順水時，坎坷很快接踵而來。歸納起來有二：一是大將蔣英因為「懷舊」，選擇了重新回到故主陳友諒的懷抱。蔣英離開事小，但卻給陳友諒帶去了一件大禮——獻上了朱元璋手下一員猛將胡大海的頭顱；二是朱元璋手下的另一員猛將邵榮，因為覺得自己「懷才不遇」，決定鋌而走險，對朱元璋下黑手，結果事敗被砍了頭。連折了兩員大將，這還不算什麼，接下來第三件事才真正讓朱元璋頭疼：小明王請求他去救援。

　　原來，就在朱元璋和陳友諒及張士誠上演「三國演義」時，坐擁中原的小明王在劉福通的支持下，也不甘寂寞，對元朝政府發起最為猛烈的進攻：北伐。北伐軍分為三路：第一路派遣山東的毛貴由東路沿運河而上直攻大都；第二路派遣關先生、破頭潘（綽號）部繞道山西，轉攻河北，與毛貴配合對大都形成鉗形攻勢；第三路調派白不信、大刀敖、李喜喜等部至陝西，增援在那裡的紅巾軍，目的是牽制元軍。

　　紅巾北伐軍磨刀霍霍多年，此時自然是氣勢逼人，為了表示恢復漢人江山、滅亡元朝的決心和信心，出發前，打出的口號：虎賁三千，直抵幽燕之地；龍飛九五，重開大宋之天。

　　應該說劉福通（實際上都是劉福通一手策劃的，小明王只是個托兒）的想法是好的，只有徹底推翻了元朝，才能救萬民於水火。然而，現實與理想是有差距的，一切看似很美，但整個北伐有點操之過急。一是元軍在北方還具有相當強的實力。二是紅巾軍內部思想並不統一，各路諸

侯各為其主，人心雜、指揮亂。三是一部分人擁有盲目樂觀的情緒。

　　首先來看第一路軍，毛貴派東路軍和元軍大戰於柳林，結果卻是毛貴軍遭遇元軍鐵騎的頑強狙擊，毛貴軍大敗而歸，退回了濟南。我們久違的朋友趙均用又華麗登場了，他在濠州沒有立足之地，便輾轉到山東來發展，很快找到了毛貴為庇護傘。此時見毛貴大敗而歸，趙均用再度充分發揮「窩裡橫」的特點，一登場果然非同小可，成功把毛貴幹掉了。趙均用原本以為自己將繼任為山東之主，然而，毛貴的部將也不是吃素的，很快回了趙均用一劍。這場窩裡鬥的結果導致了整個山東紅巾軍四分五裂，各部互相爭鬥，互相殘殺。這時以地主集團崛起的元將察罕帖木兒（王保保之舅舅、養父）部，馬上派大軍對山東進行了「剿匪」，結果山東地區很多勢力相繼被察罕帖木兒打敗。元軍很快收復了山東地區。至此東路紅巾軍全軍覆沒。

　　第二路北伐軍也受到元軍的重兵狙擊，結果兵敗退回到了太行地區。後來在得到劉福通派來的援軍的情況下，士氣大振，很快北上占領了大同、興和等地，接著直搗元朝的上都（在今內蒙古錫林郭勒盟正藍旗），並焚毀了上都宮闕；在占領了全寧路和奪取了遼陽路後，被勝利衝暈了頭腦的他們，竟忘了自己的使命，帶領大部隊轉攻獨處一隅的高麗（朝鮮）。結果在征戰中，第二路紅巾軍領導人關先生戰死、破頭潘被俘虜，餘部退回遼寧後，遭到元軍的伏擊，進退無路的情況下，紅巾軍選擇了降元。至此，中路軍全軍覆沒。

　　第三路紅巾軍只是輔助軍，但在元軍的強攻下，很快放棄了自己的使命，雖然損傷有限，但造成的作用也是微乎其微。

　　就這樣，劉福通的三管齊下，以失敗的方式告終。好在劉福通也是身經百戰之人，眼看三路大軍形勢不妙，他沒有氣餒，而是親率大軍進

攻元軍的北方軍事重地——汴梁。結果，因為前三路大軍吸引了元軍的主力，汴梁很快成了劉福通的一畝三分地。於是乎，劉福通改汴梁為都城，作為紅巾軍新的根據地，並且把小明王迎接過來，大有以此為根據地，徹底掃平元軍的氣概。然而劉福通很快惹來了麻煩，元軍在消滅了北伐軍的主力後，很快掉轉馬頭目標一致對準了汴梁。在多路元軍的圍攻下，形勢很快就發生了逆轉，最後已變孤城的汴梁被攻破，劉福通雖然帶著小明王衝出了重圍退守安豐，可是起義軍損失卻很慘重，數萬紅巾軍將士不幸成了階下囚。

屋漏偏逢連夜雨。逃到安豐後，劉福通還來不及喘一口氣，朝秦暮楚的張士誠卻來了個「撿漏」，一來為了向元朝邀功（表面上已投降了元朝），二來為了擴大自己的地盤，於是，一直在坐山觀虎鬥的張士誠傾巢而出，把安豐圍了個水洩不通。

在安豐城，劉福通愁得眉頭幾乎要擰出水來：一是人多，士兵加家屬加平民，有好幾萬人馬；二是安豐城小，小到幾萬人在城裡都得背貼背、肩並肩；三是糧草不夠，僧多粥少，怎麼也填不飽肚子，甚至重演了人吃人的悲慘一幕。

形勢這樣危急，小明王韓林兒採取的對策是哭，天天哭，夜夜哭，時時哭，刻刻哭，大有不哭他個地動山搖誓不罷休之氣概。好在劉福通沒有選擇坐以待斃，而是立即派出心腹之人連夜潛出城，去向朱元璋求救。

接到小明王的求救信後，朱元璋陷入了左右為難。救還是不救呢？救小明王，按理說是天經地義的，一來朱元璋原本就是掛靠在小明王旗下，是小明王的「部下」，他現在不是還擁有小明王分封的頭銜——吳國公嗎？如果不救，他就得落個不忠不義的惡名。二來張士誠如果攻下安豐，那麼張士誠的勢力就會因此而迅速擴張，這對日後的朱元璋來說

顯然是不利的。然而，如果派兵去救小明王，唯一擔心的就是陳友諒這隻惡狼。雖然他和陳友諒已達成默契，暫時罷兵了，但如果他去支援小明王，陳友諒肯定不會坐失良機，他肯定會乘機來攻。如果是這樣，朱元璋等於是同時遭受張士誠和陳友諒這兩隻狼的夾擊，腹背受敵，形勢危矣啊！

救也不是，不救也不是。對此，朱元璋立即召開了一次軍事擴大會議，商量這件事。會議一開始，就形成了「救援派」和「反對救援派」。「救援派」的代表人物是李善長，他的理由：

一、救人一命勝造七級浮屠。數萬紅巾軍被困安豐，我們怎麼能眼睜睜看著他們白白困死而無動於衷呢？

二、人而無信，不知其可也。我們的起義軍和紅巾軍原本就是一家人，再說小明王還是我們的主兒呢。親不親，一家人；美不美，故鄉水。如果我們見死不救，便是不仁不義，會使兄弟們寒心啊！

「反對救援派」的代表人物是劉基。他的理由：

一、救安豐不等於救自己。我們應該把先前制定的「先滅陳後除張」這一策略思想很好地貫徹下去，畢竟現在陳友諒才是我們的心頭大患，如果此時抽兵去救安豐，陳友諒乘機向我們進軍，那麼這兩年對陳所做的努力就將付諸東流。

二、救安豐等於害自己。退一萬步來說，就算成功把小明王從安豐救出來了，先不說付出的代價，就事論事，救出了小明王，如何安置他？難不成以後我等都要聽從他的命令？小明王是個燙手的山芋啊，接到手上禍害無窮啊！

應該說主救派和不主救派都是重量級人物，而且公說公有理，婆說

婆有理，最後定奪的自然便是朱元璋了。只見朱元璋沉吟半晌，終於抬起頭，目光一一掃過大堂上眾文武大將，然後說了一個字：救。

一字值千金。頓時主救派李善長、常遇春等人歡呼雀躍起來。而主張不救的劉基、徐達等人則一臉難色。當然，更多的人選擇的是沉默。是啊，劉基自從「低就」朱元璋以來，所獻計謀，朱元璋無不採納，而每一次都證明了劉基的神奇，證明了劉基的計謀高人一等，此時劉基既然主張不救援安豐，自然是經過深思熟慮的。然而，朱元璋既然這般婉拒劉基的良計，自然有他的理由：

一是救安豐雖然不是救自己，但勝似救自己。造反的意氣不能因為功利而放棄，小明王不救，於理於情於義都說不過去。

二是救了安豐，陳友諒也不敢亂動。陳友諒被我打得都快趴下了，他早已躲進武昌成了一統了，哪裡還敢來輕舉妄動呢？

至正二十三年（西元 1363 年）三月，朱元璋不聽劉基勸告，親率徐達、常遇春和二十萬精兵向安豐進軍。

▌步步驚心

　　花開兩朵，各表一枝。話說陳友諒經過幾次大敗後，退守武昌，但並沒有就此消沉，而是在勵精圖治，經營著他的地盤。一是摧富益貧。將富人的財產和土地平均分給貧苦農民，做到有衣同穿、有地同耕、有飯同吃。二是屯田積糧。大力開拓荒田，大興水利，廣大士兵戰時為兵，閒時為民，大力重視糧食生產。三是大力擴軍。因為有了糧食，陳友諒提出當兵就有糧食補給的條件很誘人。因此，陳友諒的軍隊進入了跨越式發展，很快達到了六十萬人。這個數量是朱元璋望塵莫及的。

　　朱元璋向安豐進軍，露出了致命的「命門」。陳友諒那雙洞若觀火的雙眼早已把這一切看得真真切切，明明白白。也正是因為這樣，他沒有再猶豫，馬上傾盡自己六十萬大軍，向朱元璋進軍，他把攻擊的目標選在了洪都（也叫龍興）。

　　事實上，朱元璋命門真正所在是集慶，如果此時陳友諒直接揮師向集慶進軍，那麼，這將是對露在外面的朱元璋命門致命一擊。然而，陳友諒在這個關鍵時刻，卻不敢直接打朱元璋的七寸，而是選擇了試探性地打朱元璋的「三寸」——洪都。

　　集慶空虛，為何陳友諒不攻打，反而繞道攻擊洪都呢？用一句話來解釋就是陳友諒被朱元璋打怕了（果然驗證了朱元璋所說的那句很自信的話）。陳友諒想退而求其次，透過拿下洪都來提振自己的信心。然而，陳友諒不會料到，就是因為這個錯誤的軍事決定，導致的結果是白白錯失了一舉擊潰朱元璋的戰機。

因為洪都守將叫朱文正。

朱文正是朱元璋的親姪子，雖然剛剛二十出頭，但擁有的官銜卻不小 —— 大都督。他雖然有紈褲子弟的放蕩不羈和風流倜儻，但關鍵時刻卻是個錚錚鐵骨的硬漢。此時他在洪都擁有的兵馬不足一萬。一萬對六十萬，六十打一，這是一場沒有懸念的對抗，這是一場實力懸殊太大的比賽。也正是因為這樣，陳友諒站在「巨無霸」的戰艦上，豪情滿懷，激揚文字，指點江山道：「踏平洪都，直搗集慶，擊潰朱元璋。」

對此，朱文正卻以初生之犢不畏虎之勢堅決回擊道：「不。洪都不是你想來就能來，想走就能走，想擺平就能擺平的。」說完這句話，他立即來了個雙管齊下。一是統一思想、提振信心。他迅速召集部將進行了緊急總動員，提出了「城在人在，城破人亡」的口號。在他的感染下，眾人紛紛表示，誓和洪都共存亡，誓展朱軍雄風，誓死保衛洪都。二是明細分工、明確責任。他派大將鄧愈扼守洪都的要道撫州門，趙德勝守宮步、士步、橋步三門要地。派薛顯守章江、新城二門。牛龍海守琉璃、精臺二門。朱文正自己率兩千精兵全面指揮，全盤調動，支持配合各部。

朱文正剛部署好，陳友諒的大軍已吹響了總攻的集結號。陳友諒之所以敢誇下海口，一是擁有壓倒性的兵力，二是擁有超級巨艦等先進裝置和武器，三是擁有「水漫金山」攻克太平的歷史記錄。細心的讀者都記得，上一次陳友諒之所以能攻克太平，利用的是江水上漲，從船上直接架梯攀附城牆，很快把太平給踏平了。因此，這一次陳友諒也準備來個故伎重演，對洪都也採取相同的辦法。

然而，陳友諒一到洪都城下才發現自己想得太美，太天真了。他太低估朱元璋的能力了。朱元璋吸取了太平被攻破的教訓，對洪都果斷地採取了「退它三尺又何妨」的措施，拆毀了原來的城牆，改為離江退後

三十步開外修築新城牆。這樣一來，陳友諒再想利用巨艦登城的計謀被朱元璋一招料敵在先率先防範住了。

投機取巧是沒門兒了，陳友諒只好棄船登岸和朱文正展開真槍實箭的攻防戰。

正如朱文正所部署的那樣，陳家軍攻得最猛的是撫州門。而守撫州門的鄧愈也是一個硬角色，在陳友諒利用先進的砲彈技術炸開了城牆一個三十餘丈的口子的關鍵時刻，他沒有慌張，鄧愈命火炮向陳家軍進行了最猛烈的還擊。結果炸得敵軍血肉橫飛，炸得敵軍驚恐萬狀，炸得敵軍不敢再貿然進軍。就乘敵軍「打盹」之時，鄧愈一馬當先，親率士兵們豎起木柵，擋住了那三十餘丈寬的城牆缺口。

當然，陳家軍不是吃素的，他們見狀，又立即組織兵馬向缺口進軍。幸好這時，朱文正親自帶領增援部隊趕來。結果在朱文正的掩護下，鄧愈用了整整一夜的時間終於將缺口給補上了。末了，鄧愈不忘說了這樣一句幽默的話：「我補的不是缺口，是天。」

就在鄧愈取得撫州門保衛勝利的同時，堅守在新城的薛顯顯示了強大的勇氣和大無畏精神，在防守的空縫，居然還能反擊漢軍，他率敢死隊衝出城門，出其不意地斬殺了陳友諒的大將劉震昭。

如果說鄧愈拚死守住了撫州門讓陳家軍體會到了什麼叫「撼山易撼朱家軍難」，那麼薛顯斬殺劉震昭卻造成了殺雞給猴看的效果和作用，讓陳家軍體會到了什麼叫步步驚心。

就這樣，雙方進行的是一場意志與毅力的對抗，雙方在攻與防中，一個演的是猛攻、齊攻、單攻、夜攻、佯攻、古攻、現攻等各色攻城方法；另一個演的是死守、苦守、累守、堅守、抱守、殘守、看守等各色

守城辦法。因此，雙方儘管傷亡慘重，但洪都城還是那座洪都城。對此，最氣憤的莫過於陳友諒，他很快改主攻撫州門為全面進攻，要來個各個擊破。這樣一來，朱軍防守起來更加難辦了。結果朱文正用士兵的屍骨換來的來之不易的勝果也失去了。漢軍先是猛攻宮步、士步兩門，結果成功擊殺兩門守將趙德勝。隨後漢軍攻克琉璃門，斬殺牛海龍、李繼先、陳國勝等大將。接著，再攻破新門，斬殺徐明等大將……

否極泰來

　　洪都已到了強弩之末，眼看靠自身實力再也無法支撐下去了。危急時刻的朱文正充分發揮年輕人的豐富想像力，馬上想出了「雙管齊下」的盤外招。

　　第一招：天外飛仙。朱文正派心腹之人張子明趁著夜色潛出城去，目的是去找朱元璋搬救兵。

　　第二招：瞞天過海。朱文正派了一個綽號叫「捨命王」的人舉著白旗會見陳友諒，目的是以詐降的方式來唬弄陳友諒。

　　事實證明，朱文正的盤外招非常管用，很快收到了實效。張子明藝高人膽大，乘著夜色，潛出城後，靜如處子，動如脫兔，在漢軍大本營裡穿梭自如，成功突圍而去。而「捨命王」也果然人如其名，他早已把生存置之度外，出了城，便信誓旦旦地對陳友諒表示朱文正已準備歸降，正在安撫手下的士兵，並強烈要求他們停止進攻，給他們一點點投降的準備時間。

　　結果，陳友諒相信了「捨命王」的話，停止了對搖搖欲墜的洪都的最後一擊，選擇了靜候佳音。然而，到了約定投降日這一天，洪都城裡卻無半點動靜，陳友諒走上前一看，不看不要緊，一看氣得直想吐血。城裡已趁休戰的機會，重新修築了城牆，此時正對他們嚴陣以待。

　　「你小子敢唬弄我，活膩了是吧！」陳友諒說完這句話時，「捨命王」的人生便走到了終點。

　　捨命王是高尚的，是值得讚賞的，他犧牲了自己，不但為朱文正贏

得了寶貴的喘息機會，更重要的是為朱元璋的回救贏得了寶貴時間。

話說張子明成功突圍，找到朱元璋時，朱元璋此時正在安豐城外和張士誠的部將呂珍進行大戰。此時的呂珍已在朱元璋的大軍到達之前，在安豐成功把小明王的手足斬斷了 —— 殺死了劉福通。正在發起最後的猛攻，朱元璋來了，顯然壞了他的好事，呂珍自然對朱元璋大為光火。

但朱元璋那是啥人物，兩人交戰後，呂珍才知道什麼叫山外有山、人外有人。而朱元璋也體會到了什麼叫棋逢對手、將遇良才。

兩人正僵持，接到張子明的求救訊號，朱元璋這一驚非同小可，心裡嘆道：「看來我這一次一意孤行注定是要付出代價了。」當然，朱元璋就是朱元璋，儘管形勢不妙，但他很快做出決定：既來之，則安之。既然已到了安豐，這個小明王是無論如何要救出去，才能班師回朝。於是他對張子明進行了這樣的回覆：再堅守一個月。

張子明一聽心涼了半截，他原本以為朱元璋接到求救信後，定然會馬上發兵去救洪都，畢竟洪都不但是軍事要地，而且城裡還有他的親姪子在啊！饒是如此，張子明還是忠心耿耿地往洪都趕，不管前途如何凶險，他還是要回洪都「覆命」。結果這一次張子明沒那麼好運了，在湖口時，被漢軍逮了個正著。

士兵們把張子明帶到了陳友諒面前。陳友諒馬上對他進行了「糖衣砲彈」的利誘：我想給你享之不盡的榮華富貴。條件是說服朱文正投降。

對於陳友諒的利誘，張子明表現得相當「配合」，三個字：我試試。

結果張子明來到城下，這一試，居然說出了四句石破天驚的話來。第一句話：我是張子明（對此，陳友諒沒有疑問）。第二句話：我見過了主公了（對此，陳友諒心中微微一動）。第三句話：我被漢軍抓住了（對

此，陳友諒警覺地站起來，想要阻止張子明往下說）。第四句：我們的援軍馬上就要到了（對此，不等陳友諒下命令，手下士兵早已萬箭齊發，把張子明射成了刺蝟）。

張子明死了，卻給整個洪都城帶來了希望。他的最後一句「援軍馬上就到了」，讓處於崩潰邊緣的朱軍看到了生的希望。朱文正和將士們更加堅定了堅守就是勝利的決心和信心。從而再度抵擋住了陳友諒新的狂轟濫炸。就這樣奇蹟般地堅守三個月後，朱文正終於守得雲開見日出，等來了朱元璋的援軍。

原來朱元璋在和呂珍的決鬥中，靠出奇謀打敗了呂珍，成功地把小明王救了出來，並且安置在了滁州。安定了小明王，這時朱元璋知道不能再耽擱了，馬上率領正在攻打廬州的徐達和常遇春回師救援洪都。

朱元璋帶領大軍來到鄱陽湖時，正好是洪都被漢軍圍困的第八十五天。這一天注定不平常。這一天，朱文正盼星星盼月亮，終於盼來了救星；這一天，對洪都望眼欲穿的陳友諒沒有等到奇蹟出現，卻望來了朱元璋這個久違了的老對手；這一天，陳友諒放棄了對洪都的進攻；這一天，陳友諒心潮澎湃，目光如刀似劍，彷彿在說，洪都只是一個誘餌，就是要引誘朱元璋這條大魚上鉤；這一天朱元璋目光如劍如刀，彷彿在說，洪都你吃不下，我朱元璋你也吃不下。反過來，我餓了，我是來吃你的。小魚吃大魚，你沒見過，我試給你看！這一天，陳友諒六十萬大軍在鄱陽湖一字排開，威風凜凜，好不壯觀。這一天，朱元璋二十萬精兵嚴陣以待，旌旗林立，氣勢逼人。這一天，陳友諒和朱元璋在鄱陽湖迎來了第十回合的終極戰。

這一天是至正二十三年（西元 1363 年）七月二十日。

第十六章
決戰鄱陽湖

浴火重生

都說磨刀不誤砍柴工，決戰前，陳友諒和朱元璋各自進行了戰前總動員。如果雙方只用一句話的話，陳友諒說：有錢沒錢，殺豬（朱）過年。朱元璋說：有理沒理，擒臣（陳）問罪。

接著，雙方進入實戰演習。朱元璋率先出招，他首先派大將戴德率精兵駐守在江北逕江口和財湖口嘴，封鎖住了陳友諒的退路。然後派手下的戰神徐達帶著水軍在鄱陽湖南部的康郎山埋伏起來，準備來個「甕中捉鱉」。

果然，陳友諒接著出招了，便是進軍。當大軍進入到了康郎山時，徐達率水軍出其不意地衝到陳友諒戰艦陣營中，結果殺敵近兩千，炸毀敵人戰艦二十餘艘，繳獲「撞倒山」巨艦一艘……這樣一來，朱元璋的「投石問路」取得了預期的效果，朱軍的士氣因此得到了大大的提升。

然而，事實證明，陳友諒絕對不是「鱉」，他沒有等著繼續挨朱元璋的打，而是被徐達打清醒了頭腦，馬上來了個現場直播——派手下戰神張定邊進行了反擊。

張定邊那是啥人物，他一出手自然非同小可。他帶領先鋒部隊，和朱軍進行近距離的接觸戰，結果漢軍戰艦炮火威力顯現出來了，很快打得朱軍丟盔棄甲，徐達也因此受了傷，只好指揮先頭部隊且戰且退。

張定邊不是個小富即安的人，他乘勝率軍向朱軍的中心地帶直插而入，大有「不成功便成仁」之勢。朱軍戰艦的威力原本就和陳軍不是一個等級的，此時再加上張定邊勇冠三軍，勢不可當，因此朱軍在徐達負傷的情況下，竟無人能掠其纓。

張定邊也沒有胡攪蠻纏，而是直奔朱元璋所在的指揮艦而去。是啊，擒賊先擒王，射人先射馬。如果能把朱元璋幹掉或是生擒了，那麼朱軍便不戰自亂了。因此，張定邊在亂軍中發現朱元璋獨一無二的指揮艦時，便不顧一切地朝他奔去。

等朱軍明白張定邊的真實意圖後，想要再來圍追堵截時，已晚矣，張定邊指揮著超級戰艦已如入無人之境，勢不可當。儘管朱元璋手下大將陳兆先、宋貴等人獻出了血肉之軀，但依然不能阻止張定邊前進的步伐。

眼看張定邊離指揮艦越來越近了，朱元璋嚇得面如土色，嘴裡不由自主地叫道：「吾命休矣！」

正不知所措時，部將韓成挺身而出，對朱元璋說了這樣一句話：「請脫衣。」朱元璋先是一愣，隨即明白過來，搖頭道：「這怎麼行！」

「生，我所欲也，義，亦我所欲也。二者不可得兼，捨生而取義者也。」眼看朱元璋還在猶豫，韓成一邊大聲叫道，一邊不顧君臣之禮，一把抓過朱元璋的帽子戴在自己頭上，然後剝下朱元璋的衣服穿在自己身上。朱元璋眼看這秀是沒辦法再作下去了，只得躲進了船艙。

接下來便是韓成的表演舞臺了。只見他裝模作樣地站在船頭指揮著戰鬥，神態自若，目光堅定，竟無一絲懼色……

張定邊很快讓韓成的表演成了絕唱，他一箭讓韓成永永遠遠沉入水中，葬身魚腹。漢軍一看「朱元璋」死了，齊聲歡呼起來，從而放緩了進攻的速度。

俗話說樂極生悲。而正在這時，趕來救駕的常遇春悲憤交加之餘，搭弓上箭，對著張定邊就是一箭，張定邊正和士兵相互慶賀，猝不及防，聽聞一陣疾風聲響後，他急忙低頭，說時遲那時快，常遇春的箭已

插入了張定邊的左肩。而這時，俞通海和廖永忠等戰船也趕來了。張定邊已受傷，又見朱軍援兵接踵而來，不得已，只好下了撤軍令。

第一輪交戰就這樣結束了。結果朱元璋靠著韓成的「愚忠」僥倖保全性命。而張定邊靠著自身實力，單槍匹馬，差點把朱元璋來了個「甕中捉鱉」，只可惜最後時刻朱元璋有「神靈護體」成功躲過了一劫，真是驗證了「強者運強」這句話。

隔日再戰，朱元璋依然親自督戰，這回他吸取了昨天的教訓，進行了明細分工，把戰船分成左、中、右三隊，明確了責任，想透過這種聯責制充分發揮潛力，從而給陳友諒一點兒顏色瞧瞧。結果證明，朱元璋的戰艦和陳友諒的戰艦相比便如小巫見大巫，不是相差一個等級，而是相差了好幾個等級。

結果這一次戰艦比拚，以朱元璋損失了幾十艘戰艦的代價而告一段落。

接連失利，朱元璋眉頭緊鎖，苦思對策，就在一籌莫展時，一個叫郭興的將領出來向他獻計，兩個字：火攻。

「火攻」兩個字一下讓迷惘中的朱元璋看到了光亮。是啊，敵艦巨大，且一艘挨一艘，如果用火攻，如之奈何？於是乎，朱元璋採納了郭興的建議，並且把火攻的任務交給了常遇春。常遇春按朱元璋的吩咐，先是找來七艘小船，然後讓每艘小船裡面裝滿火藥，船上鋪滿蘆葦，船艙上紮了許多稻草人，再對稻草人進行全副武裝——穿盔戴甲，手持兵器，最後精心挑選了一批敢死隊躲在船艙裡，駕駛這些草船。

諸葛亮的草船是用來借箭的，而朱元璋的草船卻是用來借火的。一切布置好後，朱元璋已是萬事俱備、只欠東風了。當然朱元璋不需要像周瑜火攻赤壁時那樣，他只需等東風就是。

朱元璋之所以想這樣大膽地等，那是因為他透過對天時判斷的結果。此時正值七月，鄱陽湖的「東風」就像娃娃的臉說來就來，說走就走的。這不，這天傍晚，美麗的夕陽把整個鄱陽湖倒映成千姿百態時，朱元璋恭候多時的東風終於在沒有任何徵兆的前提下颳起了。朱元璋朝常遇春使了一個眼色，常遇春令旗一揮，七艘待命多時的小船藉著風勢快如閃電般駛向陳友諒的戰艦。在離陳友諒戰艦只有數丈遠時，敢死隊員紛紛舉手示意，然後一齊點燃草船，然後跳入河水中。很快七條火龍便鑽到了陳友諒的戰艦下，這時陳友諒的戰艦一艘挨一艘，很快便被點燃了。此時加上風大，火勢迅速蔓延，戰艦一艘接一艘被點燃了。不多時，便成了火的海洋。

　　火是無情的，結果陳友諒的弟弟陳友仁、陳友貴及江西行省平章陳普略相繼葬身火海。而這時，朱元璋早已發起了總攻，士兵鋪天蓋地而來，陳友諒只有潰逃的份兒了。結果，這一仗陳友諒損失將領數十人，損失戰艦數百艘，損失兵馬數十萬，怎一個「慘」字了得！

梟雄的命

　　陳友諒遭遇朱元璋火攻重創後，不甘心的他馬上選擇了打擊報復。可是在選應急先鋒時，陳友諒遭遇臨時性尷尬，原來他選來選去，竟然選不出一個可以令他放心的大將來。就在陳友諒暗自神傷時，箭傷未痊癒的張定邊站出來為他解憂，主動請纓出戰。陳友諒眼看軍中沒有一人能挑起重任，只好無奈地答應了張定邊的請求。

　　然而，主動請纓的張定邊面對朱元璋數次挑戰，卻選擇了避而不戰。張定邊沒有出戰，而是選擇了一直對朱軍戰艦行注目禮。三天後，張定邊突然下達了出戰令，並且說了這樣一句話：大家目標一致，槍口一致，對準那艘白色的戰艦高舉高打，猛追猛打，誰打沉了這艘艦艇，誰就立了頭功。於是乎，砲彈集中向這艘白色巨艦射擊。

　　原來這白色巨艦是朱元璋的指揮艦，張定邊的目的不言而喻，要把朱元璋置於死地，從而瓦解整個朱軍。然而，在朱軍的重重保護下，想要靠近朱元璋的艦不是件容易的事，因此，只能遠射，而遠射的精準度就大大降低了，結果張定邊指揮漢軍整整轟炸了一天，也沒能給白色巨艦致命一擊。第二天，當張定邊再準備接著對白色巨艦攻擊時，才發現朱軍戰艦都變成白色了，只能發出這樣的嘆息：「朱元璋果然是一條狡猾的泥鰍！」當然，儘管如此，張定邊並沒有灰心，而且沒有盲目進攻，他繼續觀察後，發出這樣的命令：「全力靠近炮轟戴白盔者那艘巨艦。」

　　於是乎，炮火集中向戴白盔的朱元璋乘坐的那艘巨艦轟炸。朱元璋一把摘下自己的頭盔，憤憤道地：「看來是我的頭盔出賣了我。」原來朱

元璋所戴的頭盔是銀盔，而其他將帥所戴的是銅盔，銀盔反射的是銀白色的光芒，而銅盔反射的是古銅色的光芒，因此，細心的張定邊一下便知道朱元璋所在的戰艦，這才集中火力對他進行全力攻擊。

漢軍的戰艦本來威力就很大，也正是因為這樣，朱元璋在取頭盔時，一邊的劉基卻馬上叫他換艦。並且不容分說，把朱元璋拉上了另一艘小船。說時遲那時快，就在朱元璋的身子離開指揮艦的一瞬間，張定邊蓄勢已久的一炮精準地命中了指揮艦。戰艦桅桿轟然倒塌，艦上很快燃起了熊熊大火……

看到這時，陳友諒終於笑了，說了這樣一句話：「朱元璋啊朱元璋，你也有今天啊！」然而，說完這句話後，陳友諒臉上的笑容卻突然僵住了。是啊，他突然發現了什麼不對勁，因為朱軍並沒有慌亂，而是有條不紊地進退。

而這時虎口脫險的朱元璋不由得發出這樣的感慨來：大難不死，必有後福。

就這樣，雙方進入了「纏綿期」。對此，朱元璋顯得憂心忡忡，畢竟，他朱元璋總兵力才二十多萬人，而陳友諒擁有六十萬大軍，雙方這樣膠著的時間越長，對他來說越不利。更何況在他身後還有虎視眈眈的張士誠。

可是如何才能徹底打敗陳友諒呢？就在朱元璋煩惱時，朱升首先充當打氣員：「我們現在糧草缺乏，但陳友諒這次傾巢而出，所帶糧草也有限，我們把他們拖住，耗到他們彈盡糧絕時，便是陳友諒窮途末路之日了。」

朱元璋聽後，點了點頭。

接著朱升又充當了救火隊員：「主公現在是為我們的糧草憂心吧。我

覺得這對我們來說一點都不難。」接著朱升說出了自己的計謀，兩個字：借糧。解析如下：湖北北岸有四大家族，他們家裡囤積的糧草多如牛毛，我們可以到他們那去借糧，這樣我軍的溫飽就不成問題了。朱元璋聽後，點了點頭，說了一個字：喏。

就這樣，朱元璋很快派鄧愈到湖北四大家族那裡「借」來了大量糧食。與此同時，陳友諒的大軍卻陷入了糧荒。而這時，左金吾和右金吾兩位將軍的叛變更令陳友諒雪上加霜。

八月二十六日，陳友諒召開緊急軍事會議，商討何去何從的問題，最終達成了撤退的共識。對此，陳友諒來了個且戰且退，然而，陳友諒撤軍，朱元璋豈能讓他白白溜走，選擇了猛追。而與此同時，朱元璋在鄱陽湖大戰開局布的一著棋 —— 派戴德在江北徑江口和南湖口嘴設防，這著料敵於先的棋充分發揮了作用。他們勒緊了口袋，攔住了陳友諒撤退的路線。前有阻兵，後有追兵。陳友諒選擇了魚死網破的打法，結果他沒有畏縮，而是命大軍朝朱元璋的大軍進行了反擊。他命令大夥集中火力對朱元璋所在的指揮船進行最後一擊。結果密如雨下的箭朝坐在船上指揮的朱元璋飛過來，這一次救主的是朱升，他一把把朱元璋推進了船艙。

「朱元璋啊朱元璋，天堂有路你不走，地獄無門你偏來，這下怪不得我了。」陳友諒見狀喜不自勝，他從船艙裡走出來，想看看朱元璋是否真死了。哪知他剛出現在船艙，便成了朱元璋部將郭英的獵物。他二話不說，拉弓搭箭，一氣呵成，結果在陳友諒猝不及防下，箭羽不偏不倚，貫穿了他的眼睛，並穿入了頭顱中。這一箭有二百公尺的距離，這一箭「兩百步穿楊」，這一箭要了一個梟雄的命。這一箭把四十四歲的陳友諒從此送到了另一個極樂世界去了。

後人嘆詩如下：

江漢先英三楚雄，蛇山之麓覓遺蹤。

黃袍浸血登皇位，流矢穿額殞孽龍。

漢水激流青黛裡，長江鼓浪霧空濛。

石階濺落紅花蕾，墓草悽迷咽晚風。

▍冥冥歸去無人管

面對這樣的突發事件，張定邊先是悲痛欲絕，但隨即他馬上化悲痛為力量，保護陳友諒的兒子陳理成功突出重圍，逃回了武昌。

來到武昌這個好地方，張定邊沒有心思品嚐武昌魚，他想到的是如何收拾陳友諒突然身亡後的殘局。對此，張定邊決定死馬當活馬醫，立即擁立陳友諒之子陳理為新皇帝，改元德壽。大有重整旗鼓、東山再起之意。

然而，此時的朱元璋自然不會坐視不管，他選擇了「斬草除根」，要把陳理和張定邊一鍋端。

至正二十三年（西元 1363 年）九月十六日，朱元璋親率常遇春、康茂才、廖永忠、胡廷瑞等大將，馬步舟師，水陸並進，直逼武昌。

對付陳友諒，朱元璋都挺過來了，這時對付陳理這個乳臭未乾的小子，自然是綽綽有餘了。幾乎一夜之間，陳軍只剩武昌這一塊根據地獨撐了。當然，朱元璋也沒有輕敵，相反，他將武昌團團圍住後，見武昌城高城厚城牢，易守難攻，採取的辦法是圍而不攻。

兵法云：攻城為下，攻心為上。圍而不攻，顯然就是要利用心理戰術，讓孤城裡的陳理和大漢軍心理防線不攻自破，這樣，武昌城便不攻自破了。

果然不出朱元璋所料，武昌城裡的張定邊被困在城裡日復一日，月復一月，終於選擇了與陳理商量一件事：投降。其實張定邊這一舉動是萬不得已，堅守已毫無意義，不可能再有奇蹟出現，堅守只會讓城裡再遭生靈塗炭。

投降是唯一的出路，也是一種解脫。至正二十四年（西元 1364 年），在武昌堅守了長達半年之久的陳理在張定邊的陪同下最終選擇了投降這條唯一的出路。投降這一天，陳理頭紮白巾，身穿白袍，自綁雙臂，赤裸著上身，口含璧玉，低著頭，臉色驚恐中帶著慌亂。

而與之形成鮮明對比的是朱元璋，他笑得陽光燦爛。陳理見了朱元璋，身子一抖，雙腿不聽使喚地跪倒在地上，嘴角哆嗦著吐不出一個字來。

朱元璋心中一動，為此，他扶起陳理便給了他一個承諾：「我絕對可以保證你的人身安全。」他是這樣說的，也是這樣做的，他不但不殺陳理，而且馬上封陳理為歸德侯。

而張定邊呢？他拒絕了朱元璋的任用，改名換姓，隱遁於泉南靈源山當了一名和尚。朱元璋當年是從和尚到將帥，而此時的張定邊卻是從將帥到和尚，這彷彿就像冥冥之中的天意。

不管怎麼樣，歷經五年的朱、陳之戰此時終於畫上了一個句號。這正是：

算來堪數英雄，荒階野鳥誰憑弔？巍巍龜蛇，滔滔漢水，空餘夕照。墓草蕭蕭，車流聲裡，煙消雲渺。將蔓蒿折斷，碑文輕觸，因何故，無人悼。

遙想沔陽年少，伴西風，仰天長嘯。漁家小子，江湖浪跡，胸懷遠抱。不畏強權，不苟蠅利，高擎大纛。嘆儒生謬論，古今歷史，以成敗較。

第十七章

各個擊破

有多少機會可以重來

　　陳友諒死了，陳理投降了，大漢滅亡了，朱元璋笑了。他唱著我美了美了美了，此時眾臣聯名上書，要求他稱帝。對此，朱元璋左右為難，一邊是朱升最初提出的、而且他一直奉行的「緩稱王」策略，一邊是文武百官的強烈要求。如果答應了，這皇帝不是那麼好當的，陳友諒已是前車之鑑了。如果不答應，臣意也不是那麼好拒絕的，會寒了將士的心。思來想去，最終，朱元璋以「天下未平，人心未定」為由委婉地拒絕了大家的好意，暫不稱帝。但與此同時，他選擇了一個折中的辦法來彌補臣意——稱王。

　　我不稱帝，但稱王總可以了吧，更何況我拖到這個時候才稱王，早已是「緩稱王」了，這並不違背朱升定的計謀啊！可是，稱什麼王呢？思來想去，朱元璋還是覺得吳王最好。在集慶把自己的職務由吳國公改為吳王。儘管早在一年前，一直不聲不響的張士誠已自封為吳王了，但朱元璋可不管那麼多，這個吳王又不是你張士誠賣的，勝者為王，敗者為寇，誰有實力誰就是真正的吳王。當然，當時的朱元璋滅了陳友諒後，他覺得連陳友諒也不是自己的對手，還怕你張士誠不成！

　　也正是因為這樣，至正二十四年（西元 1364 年）正月，朱元璋正式加冕吳王稱號。當時的民眾為了區別兩人，只好改叫張士誠為東吳王，稱朱元璋為西吳王。

　　當然，朱元璋稱了王也不忘本。一是信誓旦旦地公開表示，他只是小明王的一個屬臣。二是改章立制地建立百司官屬——中書省，設立

了浙江、江西、湖廣、江淮等行中書省。三是大張旗鼓地進行了分封。封李善長為右丞相，徐達為左丞相，常遇春、俞通海為平章政事，汪廣洋為右司郎中，張昶為左司都事。立長子朱標為世子。四是對軍隊進行了重新編制。改翼為衛，廢除了各翼統軍的帥府，設立了武德、龍驤等十七個衛親軍指揮使司。

做完這一切後，朱元璋沒有閒著，馬上把策略的目光停留在了另一隻餓狼身上，張士誠成了朱元璋接下來要征服的對象。

其實就在朱元璋和陳友諒大戰十回合、歷時五年多的對抗裡，張士誠過的日子可以用「神仙」二字來形容。其間，張士誠有數次可以一舉擊潰朱元璋的機會，但他都錯失了。一是，朱、陳大戰剛拉開序幕時，陳友諒主動要求跟他結為兒女親家。但兒子張仁在迎親的途中被朱元璋「綁架」後，張士誠似乎嚇破了膽，一方面主動和陳友諒劃分了階級界線，另一方面對朱元璋進行百般懷柔，目的不言而喻，希望朱元璋能不傷毫髮地歸還自己的兒子。然而，朱元璋那是啥人，當初抓住了張士誠的弟弟張士德後，寧肯犧牲自己手下一員虎將也不放回張士德。此時抓住了張士誠的兒子，自然不會輕易放手。

世上的事往往就是這樣，你越不放手，別人越不能鬆手。也正因為這樣，在隨後朱元璋和陳友諒的大戰中，張士誠面對朱元璋的空門卻無動於衷。不知情的人說張士誠膽小如鼠，害怕冒險，才不敢去拔朱元璋這隻老虎的牙。然而，其實張士誠是有不得已的苦衷的，他的兒子張仁在朱元璋手上，投鼠忌器，他哪還敢輕舉妄動。

躲在元朝懷抱裡的張士誠直到小明王的大舉北伐被元軍徹底打敗，他這才選擇了「靈蛇出洞」來安豐撿勝利的果實。然而，張士誠不會料到，朱元璋居然還會忙裡偷閒，就在和陳友諒大戰的空隙，來

了安豐一趟，並且成功把小明王救走，致使張士誠落了個賠了小明王又折兵的下場。

總而言之，朱陳爭霸的五年，是張士誠虛度了的五年。五年裡除了長了記性外，一事無成；五年裡除了添了歲月的痕跡外，醉生夢死；五年裡除了從元朝那裡騙得財物外，一無所獲。

五年後，張士誠突然明白了這句話的含義：一寸光陰一寸金，寸金難買寸光陰。

是啊，人生就像逆水行舟，不進則退。這五年張士誠還是在原地踏步，而他的對手朱元璋卻大步向前。五年一個輪迴，驀然回首，對手還是那個對手，但實力卻早已大相逕庭。五年前，多半是張士誠主動進攻朱元璋；五年後，攻守逆轉，換成朱元璋討伐張士誠了。至正二十五年（西元 1365 年）也就是在徹底征服陳友諒的第二年，朱元璋大舉進攻張士誠，理由：屢犯其境。

口號：明犯我朱某人者，雖遠必誅。

討伐檄文：專打張士誠部隊，絕不傷百姓毫髮。

策略方針：先掃外圍（取江北、淮東），再剪羽翼（攻湖州、杭州），後搗腹心（再攻浙西）。

十月十七日，朱元璋率大軍跨過長江，先鋒徐達更是一馬當先，連敗張軍，直撲泰州而去。泰州守將嚴再興一邊選擇了堅守不出，一邊趕緊向張士誠求援。張士誠自然不會放任泰州不管，畢竟這是朱元璋和張士誠時隔五年後第一次真刀真槍的正面交鋒。朱元璋有備而來，張士誠也不是吃素的。一上來就使出了圍魏救趙之計。既然你大軍圍攻我的泰州，我就去圍攻你的江陰。是想迫使徐達退兵去解救江陰，這樣一來泰州之圍自然解開了。

應該說張士誠的想法是好的，但他忘了他的對手是朱元璋，擁有一雙慧眼的朱元璋。因此，當張士誠以四百艘戰船大張旗鼓，虛張聲勢地向江陰出發時，朱元璋透過「望聞問切」四大診斷，很快識破了張士誠的詭計。對此，朱元璋很快來了個「雙管齊下」，第一是告誡徐達要一心一意地攻城，不要管其他的事。第二是派廖永忠率小部隊去增防江陰，以確保江陰萬無一失。

果然朱元璋雙管齊下後，張士誠很快便圖窮匕見，放棄了「反攻倒算」的想法，班師打道回府。接下來，泰州很快就被徐達和常遇春攻破。

從張士誠手上拿到第一桶金後，徐達和常遇春再接再厲，繼續揮兵前進，直逼興化和高郵，結果卻是一喜一憂。喜的是徐達一鼓作氣，成功擊敗了興化的守將李清。憂的是攻打高郵的馮國勝遭遇了滑鐵盧。原來高郵守將俞同僉見朱軍勢大，沒有選擇硬碰硬，而是來了個真情對對碰。他派人到馮國勝軍營中，進行詐降。便約定推倒城中女兒牆為訊號，讓馮國勝進城。結果馮國勝相信了使者的話，派副將康泰率一千士兵入城去受降。結果這一千人如同肉包子打狗，一去不復返。

馮國勝受挫的事朱元璋這個總指揮很快就知道了。他立即把馮國勝召回去，對他進行了懲罰：一是打，打屁股五十大板；二是罰，罰他步行回高郵。

羞憤交加的馮國勝回到高郵後，立即讓士兵對高郵展開了猛攻。此時拿下了興化的徐達也來支援他，在兩人合力下，高郵很快也宣告易主。

接下來，徐達和常遇春勢如破竹，先後將徐州、濠州、興化、宿州、安豐等江北州縣全部攻占，隨後又平定了淮東。至此，攻打張士誠的第一步策略構想──掃除外圍成功實現。第一輪攻擊取得了預計效果。

聲東擊西

第一輪成功後，朱元璋馬上召開了一次軍事擴大會議，會議的中心思想只有一個：商討下一輪的軍事行動方案。

「張士誠據守在平江，我們下一步該何去何從呢？」會議一開始，朱元璋丟擲一個命題。於是文武重臣圍繞這個話題馬上進行了論證，並且很快形成了鮮明的主和派和主戰派兩大派系。

主和派的代表人物是李善長。李善長此時的職務是右丞相，在朱元璋手下屬於一人之下、萬人之上的地位。地位之高可想而知，因此他的話自然很有分量。李善長提出建議：暫時停止進攻張士誠。理由有二：一是瘦死的駱駝比馬大，張士誠儘管目前屢戰屢敗、屢敗屢戰，但他實力還是擺明在那裡，不但兵多將廣，而且地廣民富，並且他們比我們早一步做到了廣積糧。我們如果再盲目進軍，怕會偷雞不成反蝕把米啊！二是狗急了會跳牆，更何況人呢？結論：按兵不動，以待天時，靜觀其變，再伺機進取。

李善長的話一出，得到了與會絕大多數將領的認可和贊同，然而，就在這個節骨眼上，主戰派的左相國徐達卻挺身而出，他不鳴則已，一鳴驚人，說出一句石破天驚的話來：丞相此言差矣！接著，徐達在眾人詫異聲中對自己的觀點進行了闡述：應立即對張士誠進行討伐。理由：張士誠一驕橫，二暴斂，三奢侈，四淫亂，機不可失，時不再來，此時不乘機剿滅他，更待何時！徐達的觀點一出，得到的支持率也節節攀升。

主和派和主戰派說白了就是朝中的一號首長和二號首長之間的對

抗。李善長自然不甘落後，馬上又對徐達進行了反駁：張士誠不是魚腩，不是你想滅就能滅得了的。理由：湖州的張天祺、杭州的潘元明都有萬夫莫擋之勇，況且他們和張士誠乃是結義兄弟，一旦我們攻打平江的張士誠，張、潘二人必然會全力來救，這樣一來，我軍孤軍深入，又腹背受敵，豈不是在走鋼絲，把腦袋繫於一線間！

對此，徐達接著反駁道：「我們討伐張士誠前不是就制定了先掃外圍、再剪羽翼、後搗腹心的策略嗎？現在我們已經掃除了張士誠的外圍，現在該是剪張士誠的羽翼的時候了。我們先不攻打張士誠的老巢平江，而是先攻打湖州和杭州，剪掉了張士誠的羽翼張天祺和潘元明後，再移師北上，對張士誠進行最後一擊，這樣大事可成也。」

徐達話音未落，朱元璋馬上就搶在李善長再度發言之前終結了這場辯論賽。他馬上進行了總結發言，歸納起來有三點：

一是宣布這場辯論賽徐達獲勝。

二是必須堅定三步驟計劃不動搖。

三是馬上實行第二步驟 —— 剪其羽翼。

至正二十六年（西元1366年）八月初一，朱元璋做了三件有意義的事。

一是殺豬宰牛祭祀天地，祈求神靈護佑。

二是出版發行編著的討張檄文 ——《平周榜》，闡述了元朝腐敗無能，官逼民反的道理，分析了起義後的整體形勢，回顧了個人參加起義軍後的經歷，歷數了張士誠的八大罪狀，制定了系列惠民政策。從而對天下民眾展開了強大的輿論攻勢。

三是調兵遣將向太湖方向進軍。任命徐達為大將軍，平章常遇春為副將軍，率二十萬大軍，水陸並進。

徐達和常遇春一路風雨無阻，二十天後抵達湖州城外的三里橋。屯守湖州的張天祺豈是等閒之輩，聽說朱軍到他的地盤撒野，二話不說，分兵三路出城來迎戰徐達和常遇春。兩軍相遇勇者勝。徐達見狀，一馬當先，率眾直衝入敵陣而去。結果打得張天祺大敗而退回城裡去，不敢再出來應戰了。

與此同時，張士誠聽說朱元璋派大軍包圍了湖州，嚇得花容失色，馬上派司徒李伯升前來救援。結果李伯升也不負厚望，成功突破了徐達和常遇春這對雙子星座的防線，潛入了湖州城。有了李伯升的協助，張天祺信心大增。而徐達和常遇春信心也不減，依然將城池團團圍住。

張士誠見狀當然放心不下了，於是馬上又派大將呂珍、朱暹和太子張蚪率兵六萬，號稱二十萬，繼續來支援湖州。結果雙方在舊館進行了交鋒，並且僵持。而這廂的朱元璋自然也不會坐視不管，馬上派兒時的夥伴湯和率數萬精兵來支援徐達和常遇春。兩軍再戰，張軍沒有占到半點便宜。於是坐立不安的張士誠立即來了個「三援湖州城」。上一次把自己的親生兒子都派上場了，這一次派出的將領自然也不是等閒之輩，把自己的寶貝女婿潘元紹派上用場，再帶兵前去支援湖州。而這一次，朱元璋也派兵來支援，不過不是直接支援，而是來間接的。他派大將李文忠和華雲龍攻打杭州，這樣一來可以分散張士誠的注意力，二來可以進一步孤立湖州。

果然，潘元紹只懂得花拳繡腿，哪裡是打仗的料！他帶領大軍優哉遊哉地還沒來到湖州城外，就遭到了徐達的迎頭痛擊。被打了個當頭一棒後，潘元紹不管三七二十一，逃回了嘉興，什麼救湖州不救湖州，保全自己的性命才是最關鍵的。

接著徐達對湖州城採取了切斷糧道的措施，進一步孤立了湖州和舊

館之間的聯繫。而此時的朱元璋大軍已成功完成了東邊不亮西邊亮的良好格局，就在徐達和常遇春在湖州和張天祺等人僵持時，小將李文忠卻以初生之犢不畏虎的氣概，先攻克了新城，然後攻克了富陽，最後拿下了杭州，逼使杭州的守將潘元明簽訂城下之約。

而這時，徐達的採取圍點打援戰術取得了進一步的成效，徐達採取聲東擊西之計，一舉攻破張士誠派來駐紮在舊館的援軍，六萬大軍非死便降，一夜之間灰飛煙滅，連援軍統帥呂珍也選擇了投降。舊館已破，湖州城再無支援，再堅守下去也是毫無意義了。最終，張天祺和李伯升選擇了放下屠刀，立地成佛。

至此，朱元璋的第二步 —— 剪其羽翼又取得了圓滿成功。接下來上演的是和張士誠的終極大戰了。

給我一個失敗的理由

湖州和杭州相繼告失，張士誠賴以生存的兩位結義兄弟張天祺和潘元明也以背叛的方式宣布了「不求同年同月同日生，但求同年同月同日死」的可笑。對此，欲哭無淚的張士誠預感世界末日就要來臨了，因此，他整天唱著：你的眼睛背叛了你的心，別假裝你還介意我的痛苦和生命，還介意我的眼淚，還介意我的憔悴，還騙我一切不愉快都只是個誤會……

張士誠在唱離歌，卻不能阻擋徐達前進的腳步。至正二十六年（西元 1366 年）十一月二十五日，徐達率大軍對平江實行了包圍。

平江在歷史上原本就有第一堅城的名號，而張士誠對於自己的老窩又是特別重視，在修築城防工事上可謂不惜血本。這平江城共有八個門，分別是封門、虎丘門、婁門、胥門、閶門、盤門、西門、北門。每個門的城牆都極其堅固，是用大塊條石混合糯米製成，城上設有固定的弓弩位，攻城者，只要一靠近城牆，瞬間便會被射穿。

想一口吞下平江，那是白日做夢。當然，這一次徐達也學乖了，他沒有選擇硬攻平江，而是借鑑了上一次朱元璋最後圍攻陳理所困守的武昌的策略，徐達一到平江，沒有馬上選擇立即攻城，而是採取了圍而不打的攻城方法 —— 鎖城法。具體操作如下：

一、　明確分工，各司其職。徐達和常遇春、湯和、康茂才各負責圍困
　　　一座城門。

二、　步步為營，步步設防。徐達在城外築起了長圍，層層設防，徹底
　　　斬斷了平江與外面的一切聯繫。

三、　大興土木，築壘建堡。朱軍築雕樓三層，再造聳天木塔，高度欲與城中佛塔試比高，可以把城裡的一舉一動看得清清楚楚，明明白白，真真切切。

四、　虛張聲勢，攻防有序。一切準備就緒後，徐達命士兵在雕樓和高塔上架起弓弩、火銃和火炮，二十四小時不間斷向城裡轟炸。

儘管如此，張士誠帶領平江城裡的士兵進行了頑強的堅守，對於徐達打出的「你們已經被包圍，投降才是唯一出路」的攻心策略，張士誠選擇回擊的不是言語，他覺得一切語言都是蒼白無力的，他選擇了獨立於城牆，以斷箭的方式表明自己誓與城池共存亡的堅定決心。

勸降未果後，徐達進一步加大了對平江城的轟炸力度，我雖然暫不主動攻城，但透過轟炸一來可以摧毀你的軍事基地，二來震懾敵人士兵的士氣，三來讓你無處可藏。

果然，五個月後，效果就顯現出來了。平江城面臨的最大危機：缺糧。因為缺糧，城裡的軍民開始了漫長的尋找食物之旅，天上飛的、地上爬的、水裡游的吃完後，到最後只能選擇人吃人了。弱肉強食，沒辦法，為了活下去，什麼仁義道德，什麼手足之情，通通都拋到腦後了，活著才是硬道理，這叫適者生存嘛。

這時，朱元璋親自出馬了，他寫了兩封信，一封信給徐達。信裡只有一句話：「將在外，君不御，古之道也。自後軍中緩急，將軍便宜行之。」意思就是說，平江的事你可以自己做主和決定，該怎麼辦就怎麼辦，你看著辦。

這是對徐達的絕對信任。徐達看完信後，感動得熱淚盈眶，更加堅定了攻克平江的決心和信心。

與此同時，朱元璋還寫了封親筆信給張士誠，並美其名曰慰問，但實際上是勸降。信的開頭當然是「一別經年，別來無恙否」之類的客套話，當然客套之後便是來「實際」的了，信的大致內容有兩點：一是苦海無涯，回頭是岸；二是浪子回頭金不換。

對此，已陷入絕境的張士誠的回信也很客氣，首行是用「謝謝」表達心情，然後回了兩個關鍵句：一是不到最後一刻，不輕易言敗；二是人生自古誰無死，留取丹心照汗青。總之，他的意思很明顯，拒絕投降。

這是一場沒有懸念的戰爭。

這是一場慘烈悲壯的戰鬥。

但張士誠卻選擇了堅守到底。當然，在此期間，張士誠還組織了三次突圍戰，但結果卻是一樣的：未遂。最後一次突圍，張士誠本來有機會遠走高飛的，但卻被自己的親弟弟張士信給攪沒了。

這一次突圍前，張士誠進行了總動員，大致內容就是說，不成功便成仁之類的話。此時在平江城的將士都是跟隨張士誠的嫡系部隊，自然個個摩拳擦掌，表示誓死保衛主公衝出重圍，他日東山再起。俗話說，軍民同心，齊力斷金。這話一點不假，因此，這一次當張士誠下達突圍令後，士兵們按既定計劃，奮勇向前，直撲守在胥門的常遇春。

常遇春素來以勇猛著稱，但見了這些殺紅了眼、不要命的士兵，也只有敗退的份兒。眼看就要突圍成功了，但就在這個節骨上，張士誠的弟弟張士信木頭木腦的，他根本就沒有看清形勢，還以為雙方在僵持，於是突然鬼使神差地叫道：「大哥，士兵們都累了，還是先歇歇再突圍吧。」說完不等張士誠表態，居然擅作主張地鳴金收兵了。

張士誠帶領士兵正要揚長而去，被張士信這一攪和，還沒弄明白怎

麼回事，只得上前去質問張士信，結果這時，緩過神兒來的常遇春馬上組織士兵開始了反攻。萬般無奈之下，張士誠只好選擇了退回城內。

就這樣，張士誠第三次突圍以這種戲劇性的方式宣告結束。隨後，張士誠再也沒有能力組織士兵突圍了，因為不久張士信便在「將功贖罪」的防守戰中英勇犧牲了。

至正二十七年（西元 1367 年）九月初八，在對平江圍攻了長達十個月後，徐達終於下達了最後的總攻令。結果這次平州城的士兵因為餓，連走都走不動了，更別說防守了。很快便被攻破了封門，接著其他城門相繼失守。城破，人散。張士誠的女婿、守將潘元紹等人選擇了投降，而張士誠卻選擇了死戰到底。帶領兩三萬殘卒在萬壽寺東街展開巷戰，但此時已是迴天無力了。

失敗後張士誠逃回王府，淚眼婆娑地對他的妻子劉氏說：「鳥之將死，其鳴也哀，人之將死，其言也善，只是不知我死之後，夫人該何去何從啊！」

「生是你的人，死是你的鬼。」劉氏說著，毅然決然地跳入了宮外的大火中。

張士誠早已成了淚人兒，恍惚中，他彷彿看見自己的妻子在烈火中重生，化成火鳳凰向他走來，他雙腿不由自主地走向火叢中，正當他將要躍入火海中那一瞬間，一名親信攔腰死死抱住他，正在這時，朱軍已衝進王府來……

後人憑弔

　　當兩個吳王再見面時，已是物是人非了。朱元璋還是那是個朱元璋，張士誠卻不是那個張士誠，他成了階下囚了。

　　對此，朱元璋對他進行了最後一次勸降。理由無非是「好死不如歹活」之類的話，但朱元璋還沒張口，張士誠早已搶先道：「我本來以為見不到你了。」

　　朱元璋先是一怔，隨即道：「是啊，你在押往集慶的船上，絕食了七天七夜，但你還是挺過來了，看來你這個吳王的命還真大啊！」

　　「我命大但福不大，否則也不會成為階下囚。」張士誠直視朱元璋道，「士可殺不可辱，我雖然成了階下囚，但決不投降你。你不是早已派李善長來試探我了嗎，就別再來白費工夫了。」

　　「看樣子你輸得並不口服心服啊！」

　　「朱元璋，你別得意，你只是運氣比我好了一點點而已。」

　　「是啊，福大不如命大，命大不如運大。看來我是賺大了。事實證明，我才是真正的吳王，你又為何不認命呢？」

　　「你可以消滅我，但無法擊敗我。」張士誠痛苦地閉上了雙眼，只是淡淡地說了一句，「但這並不代表你就比我強，我之所以敗了，只不過是上天照顧你，沒照顧我罷了。」朱元璋無言以對，來了個拂袖而去。

　　當晚，四十六歲的張士誠乘人不備，用一段白絹把自己帶到了另一個世界去了。的確，張士誠從城破的那一刻就想來個自我了結，但一直沒有成功。投火、絕食、單挑，直到這時上吊才算真正完事。如果要張

士誠說一句臨終遺言，他會不會說：死不起！而他這一輩子，因為這一死，總算落得個「有種」的下場。

而張士誠死後，吳地和江北民眾以各種方式來紀念這位他們心目中的吳王：

一是建墓祭奠。當地民眾偷偷盜回張士誠的屍骨，重新安葬，且不管是不是衣冠塚。二是立廟祭祀。把吳王塑像做成後，再塗以金粉或是赭色進行易容，避開朱明王朝的注意力，以正常的香火來供奉這位心中之王。三是高掛天燈。當年張士誠從常州敗退，沿途百姓怕「子弟兵」迷路，便在路邊豎立起一根根木棒，掛上燈籠，形似現在的路燈，取名「天燈」。後來，「掛天燈」作為一種節慶習俗一直延續到 20 世紀中葉，可見影響之久遠。四是燒「久思香」。「久思」即「九四」的諧音，九四是張士誠的別名，蘇州百姓每年到了七月三十日，以地藏王菩薩的生日為掩護，點上香油燈，放鞭炮，男女老少進行跪拜，祭奠張士誠。五是題詠賦詩。為緬懷張士誠，後人題詠賦詩一百餘首，收錄於《吳王張士誠載記》一書中。有詩為證：

庶卒射天狼，草莽群雄起四方。帷幄運籌施策用，稱王，半壁東南盡屬張。

別曲意深長，力諫難成隱水鄉。寄意江湖豪客傳，輝煌，花堆長留翰墨香。

第十八章
一路向北

求和陰謀

朱元璋接連滅了陳友諒和張士誠這兩個最強的對手後，接下來把目光投向了以前一直若即若離的北方的元政權。

為什麼說「若即若離」呢？原因是朱元璋在和陳友諒、張士誠爭霸時，本來就時刻提防陳、張兩人聯手，更害怕元朝乘機在他身後捅一刀。以前有小明王做他的堅強後盾，成功地牽制住了元軍的主力。但劉福通犯了軍事錯誤後，中原的紅巾軍被元軍各個擊敗，一夜之間，這道賴以生存的屏障消失得無影無蹤了。如何再度穩住元軍成了當務之急，為此，朱元璋想出了緩兵之計：求和。大致意思就是說，你看現在是多事之秋，我願意割地盤進貢錢，我們就結為百年之好，唇齒相依，共進共退吧。

元朝政府接到朱元璋的求和信後，很是高興。對於焦頭爛額、拆東牆補西牆的他們來說，朱元璋歸順正好也可以減少他們的一份「憂心」。於是，元順帝很快派戶部尚書張昶、郎中馬合和奏差張鏈組成的「使者團」出訪朱元璋。使者三人行一路並不容易，他們三人帶著兩件貴重的禮物：一是元順帝御賜的美酒，二是元順帝任命朱元璋為榮祿大夫、江西行中書省平章政事的詔書和官帽。

三人自然感到身上沉甸甸的責任和壓力。然而，他們一到集慶才知道，朱元璋根本就沒有歸順之心，純粹是唬弄他們。因為他們一路顛簸，輾轉了好幾個月才來到集慶，朱元璋沒有給他們吃「閉門羹」，卻給了他們一個「下馬威」。讓士兵們扒去三人的元朝官服，赤裸著身子進城。這對三人的人格是一種極大的汙辱和傷害。到了府上，朱元璋這才

令人給三人穿上了起義軍服裝。這樣一折騰，張昶等三人自然對朱元璋怒目相待還來不及，哪裡還給他行什麼三拜九叩之禮。

對於張昶等三人的無禮，朱元璋表示了最強烈的抗議和憤怒。他說了這樣一句話：「識時務者為俊傑。你們元朝現在都落寞到這種地步了，你們這些做臣子的還想狐假虎威不成？」對此，張昶因懼怕朱元璋的淫威，選擇了三緘其口。而直來直去的馬合卻選擇了破口大罵。對此，朱元璋沒有選擇和他們進行潑婦罵街，而是直接上道具：斧頭。

你們不是嘴硬嗎？我倒要看看是你們的頭硬還是我的斧頭硬。說著把三人推出了門外，馬合和張鏈很快就用自己的頭顱證明，還是斧頭硬些。輪到張昶時，朱元璋突然叫了一聲「慢」。然後走上前，對張昶說：「你臨死前還有什麼話要說？」

「為元廷鞠躬盡瘁，死而後已，我無話可說。」

「元朝腐敗無能，百姓處於水深火熱中你這樣為他們賣命，值得嗎？」

「同流不一定要合汙。清者自清，濁者自濁。何需多費口舌？行刑吧。」張昶毫不畏懼。「聽說你對元朝的法典瞭如指掌，這樣死去了，豈不可惜！」就在張昶驚愕時，朱元璋親自為他鬆綁道，「先生之才，元璋渴望已久。實不忍心毀於我手啊！」說著封張昶為行中書省都事掌管行政。張昶見朱元璋一片誠心，最終被感化了，歸降了朱元璋。

第二天，朱元璋拿一個死囚的頭顱說是張昶已在夜裡畏罪自殺了。然後把三顆血淋淋的頭顱獻給張士誠，表明自己和元朝公開敵對的決心。

就這樣，朱元璋以緩兵之計，成功地唬弄住了元朝。收拾了陳友諒和張士誠後，這時他的策略思想已變成了：擊垮元廷，一統中原。

當然，在北伐元朝之前，朱元璋做了兩件事，兩件消除隱患鞏固政權的事。

第一件事：拔刺

拔什麼刺呢？拔小明王這根刺。看到這裡，大家就會有疑慮了，朱元璋費了九牛二虎之力才把小明王營救出來，怎麼這時卻要拔他的刺了呢？其實，朱元璋一直就把小明王當成刺，只不過，這根刺還有利用的價值（小明王的存在，對元軍是一種牽制和震懾），他才會甘冒大風險去安豐解救小明王。但除去陳友諒和張士誠這兩隻狼後，小明王非但沒有利用價值了（沒有能力抵擋元軍），反而露出了「刺」的本質（一山不容兩虎，小明王的存在，要把朱元璋置於何地，總不能朱元璋稱了皇帝了，把小明王供為太上皇吧）。因此，小明王很快在朱元璋眼裡成了赤裸裸的刺，無修無飾，鋒利無比。原來刺就是刺，朱元璋發出了這樣無奈的感慨。是啊，有刺存在，不拔又不行，不然，這根刺如何安排。這刺說不定會刺傷自己啊！朱元璋很快把拔刺行動交給了廖永忠。朱元璋對廖永忠說了這樣一句話：「你到滁州把小明王迎接到集慶來當王爺。」只有這樣一句沒頭沒腦的話，廖永忠自然表示聽不懂，但當他要問時，朱元璋向他使了一個殺氣騰騰的眼色。只一個眼色，廖永忠便不再問，他知道該怎麼做了。在接小明王的途中，廖永忠「無意」中弄翻了小明王的船隻，結果導致小明王溺水身亡。聽到噩耗後，朱元璋一把眼淚一把鼻涕地哭得很是傷心，又是祭拜又是厚葬，總之，隨著小明王落土為安，這根刺也就塵埃落定了。

第二件事：剿匪

殺了陳友諒和張士誠兩隻狼後，朱元璋接下來繼續掃蕩其他「共

匪」：笑傲中原的方國珍、稱霸蜀川的明玉珍、盤踞兩廣的何真等勢力。兩隻惡狼都不是朱元璋這隻猛虎的對手，再加上朱元璋的牙齒已經磨礪得更加鋒利無比，因此，對付他們顯然是綽綽有餘。很快，方國珍、明玉珍和何真這「三珍」成為朱元璋口中的「美味」。

攘外必先安內，安定「內」後，朱元璋把槍口對準了「外」，該是和元朝一決雌雄的時候了。

北伐宣言

至正二十七年（西元 1367 年）十月，正是秋高氣爽、丹桂飄香的時節，秋風將校兵場上「朱」字大旗吹得迎風招展，二十五萬大軍列隊成行，站得筆直挺立，個個英姿颯爽。朱元璋披盔戴甲，手持三尺寶劍，站在點將臺上，開始了他關鍵一戰的啟動儀式。

一是點將。朱元璋親點北伐軍的兩員大將徐達和常遇春。封徐達的職務是徵虜大將軍，封常遇春為副將軍。

二是祭旗。（無非是殺牛宰馬祭祀天地，過程從略。）

三是傳檄。朱元璋宣讀的檄文其實是由有著「天下第一文」之稱的宋濂主筆的，因原文寫得極佳，爍古絕今，這裡特摘錄如下：

自古帝王臨御天下，皆中國居內以制夷狄，夷狄居外以奉中國，未聞以夷狄居中國而制天下也。自宋祚傾移，元以北夷入主中國，四海以內，罔不臣服，此豈人力，實乃天授。當時君明臣良，足以綱維天下，然達人志士，尚有冠履倒置之嘆。

自是以後，元之臣子，不遵祖訓，廢壞綱常，有如大德廢長立幼，泰定以臣弒君，天曆以弟鴆兄，至於弟收兄妻，子徵父妾，上下相習，恬不為怪，其於父子君臣夫婦長幼之倫，瀆亂甚矣。夫人君者，斯民之宗主，朝廷者，天下之根本，禮儀者，御世之大防，其所為如彼，豈可為訓於天下後世哉？

及其後嗣沉荒，失君臣之道，又加以宰相專權，憲臺抱怨，有司毒虐，於是人心離叛，天下兵起，使我中國之民，死者肝腦塗地，生者骨

肉不相保,雖因人事所致,實乃天厭其德而棄之之時也。古云:「胡虜無百年之運」,驗之今日,信乎不謬!

當此之時,天運循環,中原氣盛,億兆之中,當降生聖人,驅逐胡虜,恢復中華,立綱陳紀,救濟斯民。今壹紀於茲,未聞有濟世安民者,徒使爾等戰戰兢兢,處於朝秦暮楚之地,誠可矜憫。

方今河、洛、關、陝,雖有數雄,忘中國祖宗之姓,反就胡虜禽獸之名,以為美稱,假元號以濟私,恃有眾以要君,憑陵跋扈,遙制朝權,此河洛之徒也;或眾少力微,阻兵據險,賄誘名爵,志在養力,以俟釁隙,此關陝之人也。二者其始皆以捕妖人為名,乃得兵權。及妖人已滅,兵權已得,志驕氣盈,無復尊主庇民之意,互相吞噬,反為生民之巨害,皆非華夏之主也。

予本淮右布衣,因天下大亂,為眾所推,率師渡江,居金陵形勢之地,得長江天塹之險,今十有三年。西抵巴蜀,東連滄海,南控閩越,湖、湘、漢、沔,兩淮、徐、邳,皆入版圖,奄及南方,盡為我有。民稍安,食稍足,兵稍精,控弦執矢,目視我中原之民,久無所主,深用疚心。予恭承天命,罔敢自安,方欲遣兵北逐胡虜,拯生民於塗炭,復漢官之威儀。慮民人未知,反為我仇,絜家北走,陷溺猶深,故先諭告:兵至,民人勿避。予號令嚴肅,無秋毫之犯,歸我者永安於中華,背我者自竄於塞外。蓋我中國之民,天必命我中國之人以安之,夷狄何得而治哉!予恐中土久污膻腥,生民擾擾,故率群雄奮力廓清,志在逐胡虜,除暴亂,使民皆得其所,雪中國之恥,爾民其體之。

如蒙古、色目,雖非華夏族類,然同生天地之間,有能知禮義,願為臣民者,與中夏之人撫養無異。故茲告諭,想宜知悉。

檄文大致分四層意思。第一層意思:寓言。首先,特別強調中國應

由中國人自己來治理。其次，透過元朝歷代君主的得失和大小官僚的違法亂紀等具體事實，來說明蒙古統治不合於中國的傳統禮教和文化道德，以喚起社會各階層的擁護和同情。由此又證實了古語「胡虜無百年之運」的正確性，預言胡運將終了。第二層意思：提綱。首先提出北伐的目的就是「驅除胡虜，恢復中華，立綱陳紀，救濟斯民」十六個大字。次言各地群雄，只知割據自私，絕無成事的希望，更談不到「治世安民」為「華夏之王」了。又特別把元朝將軍擴廓和李思濟痛罵一頓。第三層意思：宣傳。極力自我宣傳，鋪張輝煌的戰果，並表示北伐的決心，「天道好還，中國有必伸之理；人心效順，匹夫無不報之仇。」爭取人民的協助。第四層意思：勸誘。為了緩和蒙古、色目人的反抗，指出只要他們肯接受中國傳統文化，「能知禮義」，並「願為臣民」，便可得到和中國人民一樣的待遇。

據說，這一宣傳文告「故茲告諭，想宜知悉」後，確實產生了良好的作用：山東、河南州縣紛紛歸降，連蒙古人、色目人也望風投降了；北伐軍因之得以順利進軍，在很短時間內收復國土，統一中國。這是後話。

四是誓師。朱元璋給徐達和常遇春分別盛上滿滿的一碗酒，然後緩緩地道：「我們最初起義是為了解救民眾於水火之中，在各位的共同努力和支持下，先滅陳友諒，後誅張士誠，再平閩、廣等地諸雄，此去北伐中原，成敗在此一舉，靜候爾等凱旋，再與之痛飲。」

徐達和常遇春齊聲道：「定不負主公厚愛。」

「北伐之路凶險重重，不知兩位有何良計？」

徐達還沒張口，常遇春早已搶先一步道：「現如今南方諸雄已定，我軍現在已不可同日而語，以百萬雄師之力，直搗元朝大都，事半功倍，既方便又快捷，掀了他的老巢，看元朝還投不投降！」

朱元璋聞言頭搖得像撥浪鼓，直接教會了常遇春一個關鍵句：知己知彼，百戰不殆。解析如下：百年元朝，根深蒂固，豈是你說的那樣，摧枯拉朽就能攻破的！元朝的老巢大都元軍自然會重點布防，我們的大軍孤軍深入，受挫於堅城之下，既無救援之軍，又無糧草供應，那豈不是面臨滅頂之災！

對此，常遇春羞赧滿面，低頭不敢再言。徐達道：「請主公指點迷津，直言破敵之策。」「重走滅張之路，來個三步驟。」朱元璋說著，目光如炬地看著徐常兩人，隔了片刻才道：「第一步先取山東，清其外圍。第二步進軍河南，剪其羽翼。第三步進攻潼關，據其門戶。到這時，元朝不滅也得滅了。」

朱元璋的話給在迷惘中的他們指明了方向，徐達和常遇春只有點頭的份兒了。朱元璋「獻計」之後，接著道：「另外，這次北伐上應天意，下順民心。目的是平定中原，推翻元朝政權，解民、救民、安民、為民，因此民生是個很重要的問題。因此，你們此次只是打仗，不能擾民。」

徐達、常遇春及其他二十五位將領這才一起異口同聲地宣誓道：「謹聽主公教誨，不破蒙古人終不還！」

朱元璋要的就是這樣的效果，這時，他大手一揮，十八響出征炮齊鳴，北伐將士浩浩蕩蕩地向前出發了。

┃ 步步為贏

　　徐達和常遇春不愧為雙子星，他們兵行神速，出師僅僅三天即抵達了淮安。接著，徐達決定對守沂州的王宣父子採取「懷柔」政策──招降。

　　面對徐達的「懷柔」，王宣父子應的招是「懷孕」。王宣一邊馬上派人到淮安表示願意歸順，並送上犒勞品；另一邊派兒子王信四處聯繫，積極募兵備戰。

　　來而不往非禮也，對此，徐達一方面快馬加鞭把王宣父子的投降信向朱元璋彙報，另一方面對王宣父子極盡安撫之能事。

　　朱元璋馬上給徐達回覆，封王宣之子王信為江淮行省平章。另附一封信給徐達，信裡只有一句話：害人之心不可有，防人之心不可無。

　　徐達是聰明人，自然明白了朱元璋的意思，對王宣父子提防起來。果然，當徐達派使臣給王宣「送喜」時，王宣卻扣押了使臣，並且還準備公然違背兩軍交戰、不斬來使的規矩，殺害他們。

　　徐達見派出的使者「一去不復返」，馬上派兵來到沂州進行「逼宮」，當然，本著先禮後兵的原則，徐達還是再度派人對王宣進行說服。

　　王宣表面仍答應願意歸順，別無二心，但等打發了說服的人後，他們又緊閉城門，拒絕讓徐達的大軍進城。

　　這下，徐達總算看出王宣父子是在唬弄他，所做的一切都只不過是緩兵之計罷了，對此，怒不可遏的徐達不再「談」「封」「賞」，而是直接「打」。

　　沂州城小，王宣之所以敢公然和徐達翻臉，完全是因為兒子王信募兵來援這個美好信念做支撐。因此，徐達一生氣，後果很嚴重，馬上對

他攻城，他選擇了防守。然而，他等啊等，一連堅持了三天，就是不見王信的蹤影。這時已無力抵擋徐達的攻勢了，萬般無奈之下，只好選擇了開門投降。

徐達表現得很大度，他接納了朝三暮四的王宣的「二進宮」，唯一的條件就是要他馬上把他的兒子王信招降過來。王宣這時只有硬著頭皮給兒子王信寫了一封勸降信。王宣原本以為信到人來，然而，出人意料的是，王信接到信，卻來了個信到人不來，並且還殺了徐達派去的信使。徐達一怒之下，再度出兵，結果打得王信滿地找牙，孤身逃往山西避難去了，沂州及附近州縣自然都成了徐達的地盤。

逃得了和尚逃不了廟，王信這一走，王宣的死期也到了。徐達將王宣送上斷頭臺的目的只有一個：殺雞儆猴。

攻占沂州後，徐達再接再厲，馬上來了個三步驟。第一步是原地踏步，徐達留一部分將士扼守沂州一帶的黃河要地，目的是阻擋山東元朝的援軍。第二步是穩步推進，徐達派一部分將士由徐州沿大運河沿岸進攻東平、濟寧等地。第三步是繼往開來，徐達親自帶領主力部隊進攻益都。

結果，益都守將元宣撫使普顏不花雖然進行了頑強抵抗，仍然不能阻擋徐達前進的步伐，最終，普顏不花選擇了和益都共存亡。徐達攻下益都後，一路勢如破竹，接連拿下臨淄、昌樂等六州。而常遇春也不甘落後，很快帶軍拿下了東昌。就這樣，僅僅三個月的時間，整個山東便都成了「朱」家地盤了。至此朱元璋的北伐第一步走「清其外圍」計劃圓滿實現。

接著便是第二步剪其羽翼了。拿下山東後，徐達、常遇春馬不停蹄，兵分兩路向河南出發。駐守在河南的是元梁王阿魯溫，此人是個頑固分子，他忠於元廷，調集了五萬大軍，在洛水北岸嚴陣以待。

應該說，阿魯溫是個「找穴」專家，選擇布防的位置那不是一般的好，而是相當好，什麼易守難攻，一夫當關、萬夫莫開，插翅難飛都可以用在這裡。因為徐達大軍一旦渡河，就會遭到他們的痛殲，水葬是他們的唯一出路。

然而，徐達透過觀察，沒有選擇水葬，而是選擇了夜飛，乘著夜色，徐達帶領部隊進行了偷渡。阿魯溫的防軍認為打死徐達也不敢亂來，因此，他們大意了，疏忽了夜間的巡邏。這一疏忽是致命的，徐達偷渡成功後，馬上向睡夢中的元軍發起了猛攻，結果很多迷迷糊糊的元軍還沒弄明白是怎麼回事，腦袋便搬家了。剩下的只有潰逃的份兒了，敵人逃到了哪裡，徐達帶兵追到哪裡，結果硬是把梁王阿魯溫擒到手上。

生擒元朝猛將阿魯溫後，接著在汴梁擊敗元軍另一員猛將左君弼，迫使左君弼在走投無路的情況下不得不投降。至此，北伐大軍士氣高漲，接下來一路過關斬將，元軍不是聞風而逃，就是聞風而降，起義軍連克汝州、陳州、嵩州、鈞州等地，很快平定了河南。朱元璋的第二步「剪其羽翼」再度實現。

接著起義軍向潼關一帶出發，這個時候的起義軍具有摧枯拉朽之勢，軟弱無能的元軍已不能阻止徐達大軍前進的步伐了。就在這時，大軍出現了糧荒。是啊，越往北上，糧草供給難度就越大。斷糧比斷奶更要命，對此，坐鎮後方的朱元璋為了能盡快把糧食送到前線去，想出了海運的大膽方法。結果朱元璋把兒時的夥伴湯和派上了用場，讓他幹了兩件事，第一件事是造船，第二件事是督糧。結果湯和一出手，便知有沒有，很快把糧草通過沿海一帶運到了最前線，解決了北伐軍的後顧之憂。

解決了溫飽問題，北伐軍很快恢復了戰鬥力，繼續向前挺進，結果

潼關元將李思齊和張良弼先是高舉免戰牌，隨後選擇了三十六計 —— 逃為上計，這讓北伐軍直呼不過癮。到至正二十八年（西元 1368 年）四月底，整個潼關東區皆成了朱家軍的一畝三分地。至此，朱元璋提出的三步驟計劃圓滿實現。而元大都已如一個裸露的嬰兒，只等待那最後一根稻草一壓即垮。

第十九章
翻雲覆雨

該稱帝了

徐達和常遇春不負眾望，順利完成朱元璋提出的對外三步驟計劃，但朱元璋對內還有一大步驟計劃。這一計劃是稱帝。最初朱升提出「高築牆、廣積糧、緩稱帝」，現在牆已築得不能再高了，糧也積得不能再廣了，而稱帝也是緩得不能再緩了。畢竟他消滅了陳友諒這隻惡狼後，才把自己由「公」（吳國公）提升為王。接著他消滅了張士誠，部下勸他稱帝的更是一茬接一茬，然而，朱元璋卻一直拒絕。當然，他嘴裡拒絕，心卻在想著如何落實。或者說在做稱帝的準備也不為過。是啊，畢竟相對於陳友諒、張士誠之流的早早稱帝，朱元璋已經落後很久了。於是乎，朱元璋一邊繼續將剩勇追窮寇，一邊將集慶的宮殿進行了修復。

當北伐軍節節勝利時，集慶宮殿的修繕工作也已全面完工了。

大臣們的眼睛都是雪亮的，紛紛使出渾身解數，「逼」朱元璋登基。而朱元璋故作矜持地幾次三番作秀表演之後，順理成章地坐上了原本屬於他的帝位。

至正二十八年（西元 1368 年）正月初四，這是新的一年的開始，也是最為「明」亮的一天，朱元璋在集慶南郊舉行了隆重的登基大典，定國號為大明，改元洪武，改應天為南京。

過程簡單概述如下：先是祭祀，分三步驟。

第一步：祭祀天神。禮儀官將豬、牛、羊等牲畜同時置於祭壇上，用燔燒柴火進行燻烤，讓瀰漫的氣味升到天上去，告知天神。

第二步：宣讀祭文。

第三步：祭祀地神。朱元璋走向祭臺，上香禱告，行三叩九拜之禮，敬拜地神。

其次是接受百官朝賀，朱元璋宣讀即位詔書後，文武百官歡呼雀躍，高呼：吾皇萬歲！萬歲！萬萬歲！

最後是分封。這個是最重要也是最實際的東西。畢竟大家跟了朱元璋這麼多年，等的就是這一刻的到來；畢竟大家一直勸朱元璋早點登基，等的也是這一瞬間的到來。封妻廕子，榮華富貴，也不枉風裡來雨裡去、上刀山下火海這麼多年了。

結果分封馬王后為皇后，長子朱標為太子。封李善長為銀青榮祿大夫、上柱國、錄軍國重事、中書左丞相、宜國公。封徐達為中書右丞相、兼任太子少傅、信國公。封常遇春為中書平章軍國重事、鄂國公。其餘文武百官，皆加官晉爵。總之一句話：皆大歡喜。

有些讀者看到這裡，肯定會有疑問了，怎麼百官前三甲沒有大謀士劉基的大名呢？其實，不光前三甲沒有他的大名，前十名、前二十名也沒有他的大名。因為他得到的封號只是一個小小的太史令兼御史臺御史中丞。

劉基屢獻妙計，屢建奇功，特別是朱元璋和陳友諒這個一生中最大的對手交戰時，如果不是他的「苦肉計」、「反間計」、「攻城計」、「攻心計」及時數次在關鍵時刻解救朱元璋於危急之時，恐怕朱元璋很難度過那段陰霾期。而朱元璋也不是一個恩將仇報的人，他之所以「雪藏」劉基，那是有原因的。

原來，朱元璋在稱帝前，令他頭疼的事就是丞相的人選。不是說手下無能，一時找不到合適的丞相人選，而是人才太多，他難以抉擇，難以取捨。李善長和劉基都是朱元璋認定丞相的不二人選。於是乎，李善長和劉基之間的大戰就上演了。首先來看各自的優勢。

李善長擁有先入為主的優勢，還是在朱元璋「單飛」時，就追隨了朱元璋，並且在攻打集慶這一路上，充分發揮了「第一謀士」不可或缺的作用。後來朱元璋手下謀士越來越多時，李善長「退居二線」，在後勤服務這一塊又成功頂起一片天。也正是因為這樣，朱元璋在公開場合表示，李善長就是他的「蕭何」。

　　劉基擁有反客為主的優勢。是啊，朱元璋之所以對劉基親密有加，一是自己耳聞，二是朱升的強烈推薦，得劉基如得諸葛孔明，如魚得水。因此，朱元璋才不惜來了個三請劉基。而千呼萬喚始出來的劉基也沒有令朱元璋失望，他用實際行動證明了自己「第一軍師」的地位。見證了數次神奇之後，朱元璋在公開場合公然強調，劉基比張良不差分毫。

　　各有各的優勢，各有各的特點，各有所長，難分伯仲，對此，朱元璋不由得發出了這樣的感嘆：魚，我所欲也；熊掌，亦我所欲也，二者不可得兼，如之奈何？

　　感嘆歸感嘆，朱元璋決定對李、劉二人進行考試。誰能勝出，丞相之位就由誰來當。

　　主考官自然非朱元璋本人莫屬了。考試地點：集慶的煙雨樓。考試題目：隨機而定。當然，接到通知的李善長和劉基自然很快往煙雨樓趕去，到了煙雨樓，才發現「主考官」朱元璋並不在。兩人只好靜候朱元璋的到來。然而，左等右等，就是不見朱元璋的蹤影。為了打破這難熬的寂寞，李善長和劉基開始閒聊。

　　「先向先生賀喜了。」李善長一出口就語出驚人。

　　「何喜之有？」劉基自然知道李善長話中有話。

　　「如今朝中上下都知道您要遷升丞相之位了，不道喜，難道還要道憂啊？」

「那都是空穴來風吧，無論資歷和功勞，還是威望，都是先生鶴立雞群，高出我等許多，應該是我向先生道喜才對啊！」

兩人對話到此結束，「躲在」暗處的朱元璋這時現身了。他不公開地宣布，第一關自我辯論才藝大比拚，兩人平分秋色，再度難解難分。接下來，上演「必答」比賽。

「這個莫愁湖以前屬於宋國，後來屬於元朝，現在歸於我，也不知道以後將歸於誰。元朝的得失在哪裡？怎麼好好的，一下就變成這樣子了呢？」

「元朝之失主要在於失去了民心。」劉基第一個站出來回答，接著以兩個關鍵句對自己的話進行了解析。第一個關鍵句是「得人心者得天下，失人心者失天下」，第二個關鍵句是「君為舟，民為水，水能載舟，亦能覆舟」。

李善長的回答是：「元朝之失主要在於氣數。」關鍵句：因成就了果，果決定了因。解析如下：歷朝歷代皆有氣數，這是無法逆轉的，是天命。暴君死，新君立，如今元朝氣數已盡，是主公這條真龍天子上臺的時候了。

對話戛然而止，必答結果後，朱元璋不動聲色，嘴上也不露聲色，但心裡早已有了聲色，結果立見。劉基把朱元璋現在所擁有的功績比喻成「民意使然」，因此，元朝滅亡是偶然的。而李善長卻奉承朱元璋是天命所歸的真命天子，因此元朝滅亡是必然的。

一個偶然一個必然，一個淡化了朱元璋的功績，一個神化了朱元璋的人生。一個直話直說，一個實話巧說。

結果勝負立分，朱元璋最終決定立李善長為丞相。但又怕劉基有意見，又主動找到劉基，表達了想封他為御史大夫的想法。然而，出乎朱

元璋意料之外的是，他的「安慰」卻被劉基拒絕了，理由：才疏識淺，不
勝其職。

　　幾番推託，最後劉基才屈任御史中丞之職。當然，劉基心裡早已萌
生了隱退的想法。是啊，歷朝歷代，功高震主都是個危險的訊號。與其
到時受猜忌，受荼毒，不如及早退身。「等徐達等北伐軍凱旋的那一天，
就是我歸隱山林的那一天。」劉基如是盤算著。

敗得如此不可思議

洪武元年（西元 1368 年）七月二十七日，徐達率大軍攻克了通州，終於等來了直搗大都的好時機，終極目標就在眼前，終極勝利就在眼前，無限喜悅埋在心中。

大都擁有三大絕對優勢：一是城堅，二是軍眾，三是糧多。可以說長期堅守的三個必要條件和要素都具備。因此，徐達和常遇春做好了打艱苦戰的準備。然而，當徐達帶領北伐軍來到大都城下時，卻發現城門大開，城上一個士兵也沒有。

「莫非是空城計？」徐達馬上派人前去打探，這一探不要緊，探出的結果，這的確是一座空城。原來，聽說北伐軍來了，元順帝充分發揮不羞遁走的匈奴精神，來了個左手文武百官，右手一家老小，進行了「跑得快」。

元順帝這一跑，便跑到了上都，到這裡依然做他的皇帝，國號依然為元，史稱北元。

元順帝這一逃，也宣告了元朝正式滅亡。當然，如果你認為萬里長征就此結束，徐達和常遇春就可以凱旋、班師回朝，那就大錯特錯了。對於北伐軍來說，占領了大都固然可喜可賀，但更嚴峻的考驗還在後面，對於他們來說，真正和元軍的決戰才拉開序幕。作為全國性政權的元朝雖然正式結束了自己的使命，不過它的殘餘力量似乎還沒做好向歷史謝幕的準備。因為元順帝走了，元朝末代名將王保保出彩的時候到了，也是他該出場和亮相的時候了。

當然，在戰鬥前，還是先看看元朝的情況吧。話說腐敗無能的元朝

在全國各地發生起義後，內部也因為爭權奪利而終日不得安寧，在外憂內患下，元朝政權已如風雨飄搖的樓閣，隨時都有可能倒塌。當然，雖然無可奈何花落去，但畢竟瘦死的駱駝比馬大，元朝自元世祖忽必烈始，曾經輝煌過，曾經風光過，曾經統治中原長達近百年，先後歷經十一個皇帝。因此，就在這種內憂外患的情況下，元朝政府卻不乏良將出現。譬如，脫脫丞相就是其中一個很著名的典型。但是，這個時候身為名相也無濟於事，最終脫脫不是死於起義軍之手，而是死於自己政權內部同胞的「彈劾」下。不能不說這是件極為悲慘的事。而在隨後鎮壓以小明王、劉福通為首的紅巾軍時，元軍成全了紅巾軍，紅巾軍也成全了元軍。就在圍剿與反圍剿、爭鬥與反爭鬥中，練就了劉福通的錚錚鐵骨，也使元軍「四大天王」脫穎而出。

　　這四大天王分別是擴廓帖木兒、孛羅帖木兒、李思齊和張良弼。而這四大天王之首擴廓帖木兒還有一個漢文名字就叫王保保，他在狙擊劉福通孤注一擲三管齊下北伐中利劍出鞘，逆境揚帆，最終打敗了紅巾軍主力，收復了山西、陝西等地，一時間成了元朝的寵臣。考慮到孛羅帖木兒、李思齊和張良弼三人後來發揮的作用太小，根本沒能給明軍造成威脅就退出了歷史的舞臺，這裡不妨先來簡單看一下橫刀立馬，竭盡全力想力挽狂瀾的王保保的個人簡介。

　　王保保原名：擴廓帖木兒。

　　家庭背景：元朝名將察罕帖木兒的外甥，也是他的養子，在察罕被殺後，他成了元朝的脊梁。

　　職務：元帥。

　　地盤：山西、甘肅。

擁有兵力：十萬大軍。

王保保的存在，是一顆定時炸彈，如果不「排除」掉，隨時都有可能會引爆。臥榻之側，豈容他人酣睡！於是最終，徐達和常遇春決定馬上拔刺。

於是乎，一場強強對話，一場超級比拚就這樣上演了。

為了能順利打敗王保保，徐達和常遇春來了個兵分兩路，雙管齊下。

徐達部挺進漳德，從南路進攻山西。常遇春南下保定，從北路進攻山西。而徐達和常遇春約定的會師地點是太原，目標是合殲王保保。

而王保保顯然不是魚腩，他早已睜著一雙慧眼，靜候朱軍的到來。很快，徐達率領的北路軍急先鋒湯和就出現在了他的視野範圍內。湯和好不容易當一回先鋒，自然想搶在有著「應急先鋒」美譽的常遇春前面，立一回頭功。

結果湯和忘了徐達對他的叮囑，而是選擇了就近原則，大舉進攻澤州。

殊不知王保保早已「恭候」他多時，因此當湯和率往澤州的大軍剛走到山西韓店，就遭到了王保保部下的「十面埋伏」。這場面只有當年的韓信知道，項羽見識過，此時的湯和再見識時，也只剩下一條路可走—潰逃。

結果元軍告捷的消息很快傳到了遠遁千里之外的元順帝那裡。他一聽，心裡嘆道：「看來，關鍵時刻還有一個人能頂得住。」想到這裡，一向懦弱的元順帝，一邊馬上派人來了個「千里送信」給王保保，另一邊團結能團結的力量，聚集能聚集的兵力，從居庸關浩浩蕩蕩出發，目標只有一個，收復大都，打敗徐達的北伐軍。

王保保聽說元順帝要和他來個雙管齊下，收復大都，頓時豪情滿懷，壯志凌雲，馬上率傾巢之兵力，直奔大都而來。目的也只有一個，和元順帝勝利會師大都。

元順帝和王保保弈出新招後，徐達馬上也根據形勢來了個「求變」，攻打王保保的軍事重鎮太原。

　　大都以前是起義軍夢寐以求地想要攻克的地方，現在好不容易把這個夢想成功實現，王保保用傾巢之兵去攻，徐達不去相救，按理說於情於理於法都不相符啊！然而，徐達有他的想法。大都固然重要，但太原更重要。為什麼這麼說呢？首先，大都是一座堅城，堅城之所以叫堅城，如果我想堅守，你一時半會兒就拿不下。再次，大都是一座廢城。我只是剛剛到城裡轉了一圈，全當旅遊觀光，既沒有安家，我大明朝政也不在城裡。如果你非要，丟給你沒什麼關係，大不了，咱再捲土重來就是。總之一句話：大都丟得起。再來看看太原。太原是王保保老根據地，王保保的大家小家都安在這裡，是一切的政務中心，糧草供給地，兵器加工廠，後勤服務中心。王保保如果失去了太原，就會一無所有。總之一句話：太原傷不起。

　　既然傷不起，王保保最終還是選擇了「回頭是岸」——半路回師。

　　而徐達等的就是王保保的去而復返。按照徐達的設計是，設好埋伏，等著王保保的大軍往「火坑」裡跳。然而，徐達率先頭部隊剛剛到太原邊，根本來不及做任何事情，王保保帶著他的十萬雄師已經回來了。見此，徐達不由得發出了這樣的感慨：這就是傳說中的鐵騎，果然不是一般的快。

　　也正是因為這樣，徐達和王保保在太原城第一次面對面時，雙方顯得很平和，既沒有上前敘話，說一些「久仰大名」「如雷貫耳」之類的客套話，也沒有馬上進行你死我活的大戰。其實，兩人都在猶豫。徐達的猶豫原因有二：一是他的主力軍還沒有來，此時貿然進攻，非但沒有必勝的把握，反有遭蹂躪的危險；二是王保保的鐵騎有著「天下第一魔鬼

兵團」之稱，還沒有跟他正式交過鋒，或多或少有點恐懼。

　　而王保保的猶豫原因同樣有二：一是他十萬火急地連夜趕來，已是一支疲憊之師，在不知朱軍虛實的情況下，當然不敢貿然進軍了；二是徐達有著戰神之稱，他早已有耳聞，第一次面對面，有惺惺相惜之感，有高深莫測之虛，有靜觀其變之意。

　　就這樣，兩人相遇後，就這樣大眼兒瞪小眼兒，都沒有開打之意，都沒有說話之閒，最後雙方竟然默契地友好和平相處。

　　就在徐達和王保保眉目傳情之際，常遇春也沒有閒著，他繞到王保保身後，一直在尋找王保保的「命門」所在地，功夫不負有心人，到第三天時，常遇春興奮地對徐達說：「我找到了王保保的『命門』了，我們可以開打了。」

　　「不知道我看的，是不是和你的一樣。」徐達一臉平靜地說，「你先不用說，我們寫在手上吧。」於是兩人寫好後，再攤開手掌時，大笑起來，但見兩人的手掌心都寫著兩個同樣的字：夜襲。

　　計謀定好，當晚，一切準備妥當的徐達和常遇春神不知鬼不覺地向王保保的「快樂大本營」出發了。此時王保保的騎兵們正睡得香，他們不會料到，災難就此降臨。因此，當火光沖天，喊聲大震時，王保保的士兵們要麼還沒弄明白是怎麼回事，腦袋已搬家了；要麼知道了是怎麼回事，想要跳出火坑，卻怎麼也跳不出來；要麼即使跳出了火坑，也是傷殘了。

　　王保保的鐵騎已經沒有上馬的機會了，鐵騎的威力和神奇也就自然無法施展了。失敗已無可挽回，王保保這時，充分發揮了「鑽山豹」的精神和風格，以百米衝刺的速度向前跑。而常遇春一直盯著的人就是王保保，見他跑了，自然選擇了追。最終，王保保在親信士兵的護衛下，跑出百里之後，才甩掉了常遇春這個「鬼難纏」的追擊。

而王保保身後的十萬大軍卻沒有那麼幸運了，結果除了死去的四萬人，其餘六萬或傷或殘或逃或散，總之，一夜之間灰飛煙滅。

常遇春的絕唱

　　隨著王保保十萬鐵騎的煙消雲散，山西也改朝換代了，成了徐達手中的「責任田」。這個時候，戰神徐達依然沒有小富即安，他要到陝西去「信天游」一下。

　　留守陝西的不是元軍的嫡系部隊，而是大軍閥李思齊和張良弼等人。結果這一次，徐達採取招安和武力逼迫雙管齊下的做法再收奇效，很快陝西就成了徐達的另一塊「後花園」。至此，中原已基本上姓「朱」了，唯獨東北還姓「元」。

　　這個時候的元順帝在心血來潮之際，聽聞王保保慘敗的消息後，嚇得重新退回了關外。這個時候，殲滅元順帝成了徐達北伐軍的終極目標，只要消滅了元順帝，那麼就意味著北伐全面勝利。

　　常遇春這次變成了主帥，這對於一直充當「應急先鋒」的他來說是破天荒的頭一次，然而也是最後一次。不知道是不是造化弄人，這次征戰也成了常遇春的人生絕唱。

　　洪武二年（西元 1369 年）六月，常遇春和副帥李文忠帶領一萬騎兵及八萬步兵再度開始了神奇之旅。一路乏善可陳，把戰績和戰果呈上吧：先擊敗元將江文清，攻占了錦州；接著又擊敗元丞相也速，奪下全寧；再接著擊敗元軍並擒獲元朝丞相脫火赤，拿下大興州。此時，北元最後堡壘上都就在眼前！

　　元順帝聽說常遇春就要打到上都來了，再度發揮腳長跑得快的優勢，帶上銀兩，帶上老婆，帶上孩子，連夜逃到了應昌。元順帝嘆道：

「山高皇帝遠，這下你總不可能追我追到這荒蠻之地來吧！」

然而，對此，常遇春的回答是：「一切皆有可能。」他說到做到，一連追擊幾十里，收穫頗多：誅滅了宗王慶生和平章鼎珠，俘虜了萬餘蒙古兵。最後回來也不忘順手牽羊，帶回了三千馬匹和五萬頭牛。

然而，就在回師途經柳州時，正值不惑之年的常遇春卻走到了生命的終點，死因不詳，疑似突發性中風。

當然，常遇春在逝世前，還儘自己最後的職責，把副將李文忠叫到身邊，「臨終託孤」，並把軍事指揮權交給他了。

李文忠強忍著悲傷，馬上派人快馬加鞭一邊向大都的徐達報喪，一邊南下向千里之外的朱元璋報喪。

半個月後，朱元璋接到了噩耗，做了三件事。一是悲傷。悲傷到了什麼程度呢？四個字：淚流成河。二是厚葬。朱元璋親自祭奠常遇春，賜葬鐘山原。三是封諡。贈太保中書右丞相，追封開平王，諡號忠武，配享太廟。

後有頌詩如下：

將十萬眾之威名，常誦都人仕女；

居七八分之功業，永留大地河山。

王保保的反擊

就在常遇春大勝而死之後，王保保卻大難不死。雖然十萬鐵騎灰飛煙滅，王保保第一次體會到什麼叫滄海桑田，什麼叫心痛欲死。但是他畢竟是個名將，是個猛將，是個不服輸的戰將，因此，他很快走出失利的陰影，重新組織了人馬，捲土重來。

而這時，徐達又派遣部將張溫往甘肅進軍，並且很快攻下了蘭州等地。王保保於是把反擊的目標盯在了張溫身上。這一次他精心部署，祭出了慣以成名的殺手鐧 —— 圍點打援。一方面大張旗鼓，做出佯攻蘭州的態勢，以吸引朱軍主力來救援。另一方面把主力部隊埋伏在定西，策略是伏擊。

果然，張溫聽說王保保大兵壓境，馬上向各地朱軍發出了求救信。結果就在附近打游擊的明將于光，接到求救信後，十萬火急的便往蘭州趕，很快就進入了元軍的「伏擊區」，結果來了個全軍覆滅。

被王保保圍點打援成功後，蘭州守將張溫一邊流下了傷心的淚，一邊痛定思痛，決心痛擊王保保，為死去的兄弟們報仇雪恨。然而，如何打敗王保保呢？冥思苦想的張溫想出了一個大膽的想法 —— 出奇制勝。他組織了一支只有三千人的敢死隊，是夜，開始了他們的「斬首行動」。結果他的奇招果然收到了奇效，大獲全勝的元軍都在軍營裡把酒言歡，相互慶賀，這個時候從天而降的明軍打了他們一個措手不及。四處火光沖天，喊聲如雷，元軍只剩下潰逃的份兒了。就這樣，蘭州之圍被張溫一招力挽狂瀾之舉成功破解了。

面對王保保的咄咄逼人，遠在集慶的朱元璋知道後，馬上召開了一次軍事擴大會議，並且很快制定出應急方案，具體來說是三步驟：一是圍魏救趙。命徐達不再救援蘭州，而是自潼關出西安直接進攻王保保的後方重地定西，迫使王保保回軍。二是擒賊擒王。對於已逃到應昌的元順帝，採取繼續追擊的辦法，命頂替常遇春的左副將軍李文忠自居庸關出關，經沙漠地帶追擊元順帝。三是聲東擊西。為了牽制和徹底消滅元軍殘餘勢力，朱元璋還派出大將金朝興和汪興祖等人佯攻山西、河北等地。

事實證明，朱元璋的三步驟很快收到了奇效，首先傳來佳音的便是「聲東擊西」這一路軍，作為佯攻，作為疑兵之用的金朝興和汪興祖，兩人一個攻下了勝州，一個攻下了朔州。接著傳來佳音的是「擒賊擒王」的李文忠，他出居庸關後也是一路暢通無阻，直逼應昌的元順帝的老巢所在地而去。

而接下來徐達和王保保的大戰才是重中之重。徐達和王保保前兩次爭鬥中，第一次王保保出奇制勝（打敗了先鋒湯和部隊），第二次徐達出奇完勝（在太原一舉擊潰了王保保十萬嫡系鐵騎）。那麼，這第三次交鋒又是什麼樣的結果呢？徐達能出奇制勝嗎？

徐達沒有思考這些的時間，因為王保保聽說徐達抵達定西後，馬上放棄了對蘭州的圍攻，而是直奔徐達而來，下面就來看這場絕代雙驕的終極對決。

時間：洪武三年（西元 1370 年）三月二十九日。

地點：定西附近的沈兒峪。

人物：王保保和徐達。

兵種：徐達的明軍屬於「突擊隊」，王保保的元軍屬於「狙擊隊」。

兵力：各為十萬人左右，旗鼓相當。

賽事程序：當裁判一聲哨響，吹響了比賽的序幕後，早已磨刀霍霍的元軍義無反顧地向前衝。可是當他們衝到一半時，突然停下了向前的腳步，而且像被使了定身法般齊生生地站住了。因為他們驚奇地發現，明軍根本就不配合他們的行動，一個都沒有動。不動那不是因為害怕，而是因為他們很忙，在忙什麼呢？

忙建築。又是建營寨，又是修房子，忙得不亦樂乎，大有安居樂業之氣勢。

看來徐達是有備而來，準備跟我打持久戰啊！原本準備速戰速決的王保保這時發出了這樣無奈的感慨。是啊，一個巴掌拍不響，既然明軍不支持不配合，雙方的決鬥就此擱下。

一週後，徐達的「棚戶區改造工程」順利竣工。對此，徐達馬上派人到王保保那裡報喜。別人報喜要錢，他報喜要命。別人報喜選擇在大白天，他們卻選擇在漆黑的夜裡，別人報喜最多只要幾個人，他報喜卻要好幾百人。這幾百報喜的人一到王保保軍營幹的就是殺人放火的勾當。王保保豈容他人在自己的地盤上撒野，一揮手，大軍傾巢而出，要把這些報喜人變成報喜鳥。然而，這些報喜的人個個身輕如燕，眼看你要動真格了，在一陣「扯呼」聲中很快消失得無影無蹤了。王保保被氣了一回，馬上加強了軍營的防備和警戒工作，以防止明軍再來騷擾。然而，令王保保想不到的是，明軍顯然不是嚇大的，他馬上又來了個去而復返。當然，這一次對早有防備的敵營並沒有來個親密的「靠近」，而是來了個友好的「接近」。到了元營外圍，他們裹足不前了，並且心有靈犀一點通地馬上上道具 —— 喇叭、鑼鼓、口哨等東西，接著開始了他們的午夜音樂演唱會。

這演唱會美則美矣，但連鎖反應就是聽到的人就會著魔，一著魔帶來的後果是興奮，興奮帶來的結果是睡不著，睡不著意味著失眠，失眠意味著精力不濟，精力不濟意味著到了白天還想再睡五百年。眼看士兵們晚上聽了這毛骨悚然的音樂會後，白天個個無精打采，酣睡如泥，王保保只好發出這樣的感慨來：哥聽的不是音樂，是寂寞。因為寂寞，所以他自然想要這音樂會立即消失。然而，人家演唱是在你外圍，等你從軍營出動人馬趕來「砸場子」時，人家早已溜之大吉了。

哪裡有壓迫哪裡就有反抗，為此，明軍很快把午夜音樂演唱會改為全天音樂演唱會，二十四小時不間斷直播。我唱，你聽。你追，我跑。你停，我返。你返，我唱。我唱，你聽。你追，我跑……就這樣周而復始，明軍的「戲團隊」和元軍進行著這樣的「躲貓貓」遊戲。當然，明軍之所以這樣有恃無恐，唯一的依靠就是身後有堅強的壁壘——營寨和防禦設施。元軍不敢輕易到壁壘前去碰壁。

音樂無止境，娛樂無極限，王保保再也忍受不了這種無休止的折磨，決定再來個以牙還牙，他精挑細選出了一支由一千人組成的敢死隊，找了一個當地人做嚮導，選擇了一條荒無人煙的羊腸小道，對明軍進行襲擊，目的只有四個字：出奇制勝。

然而，徐達早就料到了元軍定然會有反擊之舉，因此早早嚴陣以待，在那裡以逸待勞。因此，當元軍一千人突然從暗處殺出時，徐達和明軍一點也不驚慌和緊張。相反，馬上組織人馬進行了有效的抵抗。千人敢死隊，唯一能取勝的方式就是以快制快，出奇制勝。然而，明軍以快制快，成功抵擋住元軍的「驚天一襲」後，接下來便是明軍「全力一擊」的時候了。結果沒有懸念，一千人相對於十萬明軍來說，太少了，少得不夠塞牙縫，最後這支敢死隊都成了「趕屍隊」。

反擊失敗後，王保保還在心有餘悸時，明軍卻在上演他的演唱會。最後，王保保選擇了無奈地接受現實，對演唱會採取了這樣的策略：不聞不問，不管不提，不看不聽……結果卻是做不到，只能咬著牙，默默品嘗這些痛苦的煎熬啊！一句話：元軍大本營從此無人入睡。據說元軍以後見面的招呼語都是：今天你睡了嗎？

　　時間定格在四月七日的深夜，這天晚上明軍的音樂演唱會突然消失了。元軍大聲歡呼。

　　然而，與士兵的慶幸相比，王保保的眉頭卻緊鎖著，他明白，不用感謝明軍，也不用感謝誰，明軍不需要感謝，他們不搞演唱會，是要展開軍事行動了。此時就是暴風雨來臨前的沉靜期。於是乎，王保保馬上下達了一級備戰令：加強警戒，準備作戰。

　　可以說王保保具有一名良將的先天條件：勇敢、果斷、敏銳、判斷力強、偵察力強、戰鬥力強。然而，他不會料到，此時的元軍已被明軍的演唱會唱暈了頭，因此，王保保一級備戰令下達各營後，實行起來卻變了樣。正所謂上有政策，下有對策，每個營除了派出一兩個老弱病殘幼「執勤」外，其餘士兵都選擇了矇頭大睡。是啊，金窩銀窩不如自己的老窩，喝香擁香不如睡得香。

　　夜已深，月光如水，寂靜如墨；夜已深，元軍酣睡如豬，明軍卻在行動。乘著月色，明軍很快來到了元軍大本營，然後按照戰前部署，直奔元軍的中路大軍而去。此時的元兵酣睡如泥，很多人不明不白就到閻王那裡報到去了。而那些被火光和血腥驚醒的元軍面對這樣的變故，想要起來組織抵抗，無奈一來身子軟弱如泥，連站起來都困難，更別說拿起武器打仗了；二來勉強站起來想要硬槓的人，卻哪裡是如狼似虎的明軍的對手。這根本就不是一個等級的較量，過程毫無波折，結果毫無懸

念，共俘獲元剡王、元濟王及文武大臣兩千餘人，士兵近九萬人，王保保重新組織的十萬大軍幾乎消耗殆盡。值得一提的是，王保保在無法力挽狂瀾的時候，依然選擇了「不羞遁」，帶著老婆、兒子一路向北狂逃。結果逃到黃河邊上後，再也無路可逃。

　　沒有船，如何渡河？王保保就是王保保，選擇了自己動手，豐衣足食，他先是殺戰馬，把溫飽問題解決了，然後再去砍樹木。最後做成了簡陋的木筏。一家人趴在木筏上，在黃河上來了個「漂流」，漂流的過程很驚險，但結果是好的，王保保一家人安然無恙地抵達對岸。過了河，王保保怔怔地望著對岸。來時，風光無限，十萬大軍浩浩蕩蕩，英氣風發；去時，狼狽至極，十萬大軍灰飛煙滅，只剩孤家寡人。來時，雄心萬丈；去時，心痛若死。來時鳥驚心，去時花濺淚。來時……男兒有淚不輕彈，只是未到傷心處。良久，一顆碩大晶瑩的淚珠從王保保的眼眶裡掉落下來，接著是第二顆、第三顆……

斬草要除根

當王保保在內蒙古大草原「兜風」時，他的老闆元順帝和他同病相憐，在廣闊的沙漠裡「兜風」。原來李文忠出居庸關後，一路勢如破竹，先是打敗了元太尉蠻子，接著擊潰平章沙不丁朵耳只八剌，最後直搗元順帝所「窩居」的老巢應昌。

元順帝本想躲在沙漠成一統，但面對明軍接二連三的光顧，他也急了，這一急，就病倒了。這一病，就一病不起。元順帝是不願再從應昌搬家的，從大都搬到上都，又從上都逃到應昌，他體會到了什麼叫滄海桑田，體會到了什麼叫人是物非，體會到了人情冷暖，體會到了天堂到地獄的轉變。是啊，在上都住的是金鑾寶殿，吃的是山珍海味，玩的是花天酒地。而到了這漠北，住的是寒宮陋室，吃的是粗茶淡飯，睡的是冰冷臥榻。

先苦後甜，那叫奮鬥人生，先甜後苦，那叫痛不欲生。因此，當李文忠接連打敗他派出的最後狙擊力量時，元順帝知道，連應昌這個寒宮也待不下去了。是的，他下一步只能再逃離。可是，天下之大，又能逃到哪裡去呢？中原是真真切切回不去了，只有向更北更偏僻更荒涼的漠北逃去了，只能……或許這樣逃下去的結果只有兩個：一是成為野人，一是成為歐洲人。元順帝不想成為野人，更不想成為歐洲人，他選擇了第三種人 —— 死人。

元順帝是可憐的，他也算是有骨氣的，最終選擇了不成功便成仁，因此，在李文忠的大軍到來時，他來了個死去元知萬事空。

可憐的元順帝，他的追悼會還沒來得及開，李文忠卻不期而至，城裡的王公貴族們都在忙於辦喪事，根本來不及逃跑，結果，這些王公大臣們屬於典型的酒囊飯袋，被李文忠來了個一窩端，這其中還包括元順帝的大小老婆和最為優生的孫子買的里八刺。

只有元順帝的兒子愛猷識理達臘腳下功夫厲害，就在大家束手就縛時，他卻一個人跑了。這一跑相當於萬里馬拉松比賽，直接跑到了內蒙古，找到了暫時在和林棲身的王保保。據說愛猷識理達臘見到王保保後，抱著他就是不鬆手，流下了「老鄉見老鄉，兩眼淚汪汪」的淚水。

愛猷識理達臘恢復精氣神時，馬上組建了臨時政府，史稱「北元」。他任命王保保為丞相，任命也速、哈喇章、納哈出等為將軍，一邊搖旗吶喊元朝的殘餘勢力迅速向他靠攏，一邊負隅據守，並且不定點打擊明軍。

也正是因為這樣，就在愛猷識理達臘和王保保再續舊情時，朱元璋也沒有閒著，他再次召開軍事擴大會議，制定了殲滅愛猷識理達臘和王保保的終極方案。是啊，斬草不除根，終究是禍害。因此，在明軍「斬首」行動成功後，我們姑且把這次軍事行動叫「斬草」行動吧。

斬草行動為分兵三路：

第一路：中路軍。統帥：徐達。職務：魏國公。新封號：徵虜大將軍。兵力：五萬。出發地：雁門關。目的地：和林。策略：誘攻。概述：這一路軍看似是明軍的主力部隊，但實際上是以徐達的獨特的人格魅力，吸引元軍的主力與他進行決戰，而給第二路軍創造機會和條件。

第二路：左路軍。統帥：李文忠。職務：曹國公。新封號：左副將軍。兵力：五萬。出發地：居庸關。目的地：和林。策略：主攻。概述：這一路軍才是這次軍事行動的重中之重。自從常遇春死後，年輕的李文忠接過

了常遇春手中的帥印，並且很快挑起了重任，在漠北接連打敗元軍，並且逼使元順帝「氣死」，老巢應昌被拿下等，功不可沒。這一次，朱元璋便將對王保保的最後一擊交給了李文忠。在徐達軍隊與元軍決戰時出其不意發動攻擊，一方面可以切斷元軍歸路，二來與徐達夾擊元軍。

　　第三路：右路軍。統帥：馮國勝。職務：宋國公。新封號：右副將軍。兵力：五萬。出發地：金蘭。目的地：甘肅。策略：佯攻。概述：馮國勝出擊甘肅，沒有硬性任務規定，只需採取打游擊的策略，打一槍換一個地方，成功牽制元軍，作為疑兵使用，給徐達、李文忠與王保保大決戰創造良好的條件。

絕處逢生

　　一切部署完畢，萬事俱備，只欠東風，只等朱元璋吹響發動總攻的集結號這一天了。洪武五年（西元 1372 年）正月二十二日，朱元璋一聲令下，三路大軍按既定的策略方針開始了對元軍餘孽的「斬草」行動。

　　首先我們來看中路徐達的大軍。徐達這次派出的先鋒是「後起之秀」藍玉，副先鋒為湯和（鑑於上次的慘敗，這次能當副先鋒已經很不錯了）。職務為都督的藍玉就這樣開始了他的神奇之旅。

　　一個星期後，藍玉在野馬川和王保保的騎兵來了個約會。兩軍交戰勇者勝，結果，藍玉身先士卒，勇冠三軍，打得王保保的騎兵只有潰逃的份兒。

　　藍玉畢竟嫩了點兒，他沒有料到這是王保保的誘敵之計，選擇了繼續追擊。結果是一路風雨一路陽光，打得王保保的騎兵只有招架之功，毫無還手之力。連勝了幾場，藍玉不禁納悶了，久聞王保保乃是元軍第一名將，怎麼會如此不經打啊！思來想去，他一邊追擊，一邊馬上把軍情向總指揮徐達進行了彙報。徐達在和王保保的第三回合交戰中取得了絕對性的勝利，十萬人征戰，數百人還。這一戰之後，徐達改變了對王保保的看法，以前認為王保保是條龍，此時認為他只不過是一條蟲罷了。因此，當藍玉把軍情彙報到他這裡時，他想也沒有想就進行了回答，三個字：繼續追。

　　他不但叫藍玉追，自己也帶著主力部隊追。就這樣，明軍很快深入了漠北腹地。圖窮匕見，一直等到明軍主力軍全部到了伏擊地點杭愛嶺北後，沉默良久的王保保現身了，他大手一揮，剽悍的騎兵從四面八方出現了，把明軍圍成了個鐵籠。

因為長途跋涉的追擊，明軍到此時，已是筋疲力盡。此時面對從天而降、鋪天蓋地的元軍鐵騎，很快潰不成軍，一萬餘人的腦袋就此搬了家，而受傷者更是不計其數。

面對王保保的圍殲，明軍到了最危險的時候，關鍵時刻戰神徐達充分顯示出一員名將的良好素養。士兵亂了，徐達沒有亂；士兵慌了，徐達沒有慌，他立即下達了「就地固守」的命令。

也正是因為這樣，明軍由慌亂的突圍變成冷靜的防守後，效果果然看得見，成功抵擋住了元軍鐵騎的圍攻。雙方進入僵持戰後，徐達這才選擇了有節奏有順序的撤軍，成功撤到安全區後，徐達沒有選擇「一潰千里」，而是就地安營紮寨，並且修建了防禦的軍事堡壘，從而抵擋住了王保保鐵騎的追擊。就這樣，徐達憑藉一己之力，力挽狂瀾，渡過了全軍覆滅的危險期，把損失降到了最低，給了自己捲土重來的機會。

總之一句話，徐達的中路部隊因疏忽大意，讓老練的王保保的看家法寶——「圍點打援」策略的計謀再次得逞，明軍損兵數萬，兩個字：失利。

接下來，我們就來看左路大軍李文忠的部隊。李文忠率領軍隊抵達口溫時，迎戰他的是北元新政權的太師蠻子和哈喇。這個時候的蠻子和哈喇對李文忠採取的策略也是一樣的，誘敵深入。一交戰，元軍便節節敗退，面對潰敗的敵軍，李文忠也選擇了乘勝追擊，以圖一舉殲滅元軍。當他追擊到阿魯渾河時，終於追上了元軍。他原本以為此時的元軍已到了強弩之末，一擊便會徹底崩潰。然而，他很快發現自己錯了。這時的元軍回頭卻來了個大變樣：弱者回首就變強。

元軍回首反擊之時，明軍驚奇地發現，他們非但沒有一點兒頹唐之色，相反如早上剛升起的太陽，個個生龍活虎，一瞬間變強了，變得強大無比。

李文忠見元軍越來越多，心裡暗叫道：中計了！然後也果斷做出決斷，不選擇馬上逃，而是選擇了與徐達一樣的戰術，親自率領部隊與元軍交鋒。也就是這個決定，李文忠挽救了左路的明軍，結果不但成功抵擋住了元軍，而且還殲敵數千人，雖然付出的代價是慘重的，損失近萬明軍，但好歹憑著勇猛擊潰了元軍。

元軍眼看他們精心設計的計謀居然沒能徹底打敗明軍，被不要命的明軍嚇破了膽，於是選擇了逃。是啊，打不起，咱還躲不起嗎！而這時依李文忠的脾氣是要追的，但他卻沒有選擇追。一來前方的凶險未知，再追下去傷不起啊！二來糧草不夠了，再追下去傷得起，也餓不起啊！三來中路軍徐達失利的消息已傳來，再追下去，傷得起，餓得起，也耗不起啊！因此，當元軍撤軍時，李文忠也選擇了撤軍。就這樣，雙方握手言和。

一句話：李文忠憑著果斷、勇猛和頑強，這一路軍算是勉強和元軍打成了平手。

一敗一平後，接下來第三路右路大軍馮國勝就顯得尤為重要了。是啊，馮國勝這一右路軍本來只是做陪襯的，但在前兩路大軍沒有達到預期效果的情況下，他接過了打擊元軍的重擔。要徹底打敗元軍已是不可能，關鍵是他能否為明軍爭回一點顏面呢？

奇男子誕生記

馮國勝派出的先鋒是傅友德，這個以前默默無聞的大將，似乎特別珍惜這一次來之不易的機會，不經意間便成就了「奇男子」的美譽。

其實馮國勝叫他帶領著五千精兵當先鋒，本來也是「投石問路」之舉，但傅友德這一塊石頭投得比較大，直接投向了西涼。

一塊石頭落地，西涼被他砸出一個缺口，西涼守將失剌罕也被砸斷了手，很快棄城而逃。傅友德砸下的第一塊磚收到奇效後，並沒有停手，而是選擇了砸第二塊磚，這塊磚砸向了永昌，結果這一塊磚砸下去，效果也是非同凡響，守永昌的元太尉朵兒只巴的額頭被砸破了，他只好抱著頭棄城逃跑了。按理說一般人都會見好就收，但傅友德卻不這麼認為，他認為自己手中現在握住的不是磚，而是定時炸彈。因此，他很快又砸出了第三塊磚。這一塊磚砸向了林山，效果還是看得見，林山守將元朝平章管著顯然被砸暈，居然忘了逃，結果被傅友德逮了個正著。

傅友德砸出三塊驚天動地的磚頭後，很快砸出了響亮的名聲，瘋子傅友德的綽號不脛而走。馮國勝馬上又給他增添了一些新的「磚塊」供他使用。而這時甘肅的元軍被砸碎了心，一聽到傅友德的名字就兩腳打顫。這就是蝴蝶效應產生的連鎖反應。

元軍越是害怕，傅友德越是如影相隨，他很快又揮起了第四塊磚，這一塊磚砸向了亦集乃路，結果守將伯顏帖木兒還沒等磚頭落下，便舉起了雙手，別砸了，俺服了你了，俺跟你走還不成嗎？

「磚神」就這樣誕生了。從此，傅友德砸磚砸上癮了，接著第五塊磚

又砸向了別篤山口，結果這一磚下去，砸碎了數萬元軍的頭顱，砸得元軍守將岐王朵兒心驚肉跳，藏身在馬腹下面才逃得一命。之後，傅友德第六塊磚砸向了瓜州，結果還是那個結果，砸得元軍找不著北，只有潰逃的份兒。

最後，傅友德手中的磚居然無處可砸了，因為凡是他所到之處，元軍早已逃得無影無蹤了，最後，無奈之下，傅友德選擇了班師回朝。

傅友德的六塊磚頭，磚不虛發，磚磚見血，磚磚封喉，磚磚成了傳奇。雖然朱元璋的「斬草」行動沒有達到最終的目的，而且還損失了數萬人馬，但無論如何，憑著「奇男子」傅友德的神奇表現，馮國勝這一路軍的勝利，還是為朱元璋挽回了顏面。多年以後，回想這次「斬草」行動，朱元璋仍然唏噓不已。後來，他對鎮守在北方邊疆的兒子晉王和燕王教誨道：「我打了一生的仗，從沒有吃過大的敗仗，但北伐卻對我印象最深，我沒料想到會輕許了諸將的請求，深入沙漠，以致大敗於和林。這是我輕信無謀，致戰死將士數萬，想來令人心痛不已啊！」此後，朱元璋不敢再貿然派兵進入沙漠追擊北元軍。北元軍也守著他的一畝三分地，對中原雖然有「賊心」，卻沒有「賊膽」。為此，朱元璋還採取了招安的政策，但結果都沒有成功。特別是對王保保，朱元璋給出了高官厚祿，最後王保保還是不為所動。人就是這樣，越是得不到，越神往，後來，當元末四天王之一的李思齊投降後，朱元璋還派李思齊對王保保進行了最後的勸降。

結果李思齊到來後，王保保熱情招待，但規定只敘舊情，而不談軍事。但李思齊為了完成自己的使命，還是忍不住對王保保進行了勸降。結果王保保大怒，馬上送客。

出於禮貌，王保保還是派一個將領帶著騎兵把他送到了百里之外的

塞下。離別時，李思齊說：「送君千里，終有一別。」

那將領說：「是啊，此次一別不知何時再相聚，我家主帥說，請將軍留下一物做永久紀念。」李思齊一怔，問道：「可惜我這次來得匆忙，沒帶可留之物啊！」「你身上件件都是寶，隨便留一樣就行了。」將領說著，頓了頓，接著道，「請留下一隻手臂吧！」

說是「請」，其實，這時的騎兵個個拔刀相向，如果李思齊不答應，留下的就不是手臂，而是人頭了。李思齊見狀，長嘆一聲，閉上雙眼，揮劍猛然砍下了自己的左臂，交給了他們。

李思齊因為失血過多，回到中原不久便死了。

但朱元璋卻對王保保更加敬重。後來，在一次宴會上，談起北疆征戰之事，朱元璋來了個「煮酒論奇男」。結果在群臣中，常遇春得票最多，理由是常遇春征戰數十年，從未嘗過敗績。

然而，朱元璋卻出人意料地把奇男子的稱號給了王保保，理由：我能讓常遇春做我的臣屬，卻不能叫王保保歸順於我，我能征服天下所有對手，卻不能徹底征服王保保。

朱元璋既崇拜這個不可征服的對手，又因為這個可怕的對手的存在而頭疼，最後沒辦法，朱元璋只好發表妥協政策：擱置爭議，共同開拓沙漠地帶。

只是朱元璋不會料到，這一擱置居然擱置了十年。十年後，朱元璋才徹底征服北元，也成就了「沙漠之狐」藍玉，這是後話。

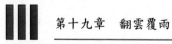

第二十章
一波三折

休養生息

朱元璋作為草根出身的皇帝，十分想建立一個他心目中的「烏托邦」，這是一個復古而又兼有創新的社會。他在北伐的時候，就提出了「驅逐胡虜，恢復中華，立綱陳紀，救濟斯民」這樣一個口號。當然，這個口號並非空穴來風、只是說說而已。在徐達和常遇春等人的不懈努力下，很快實現了「驅逐胡虜」，推翻了以蒙古貴族為主體的元朝統治，元朝只剩下王保保的殘餘勢力。在完成第一步「驅逐胡虜」後，也就「恢復中華」了。那麼現在關鍵就是如何「立綱陳紀」和「救濟斯民」了。

首先，我們來看朱元璋是如何「救濟斯民」的。

1. 施民仁政

朱元璋認為以仁義定天下，雖遲而長久。捨棄仁義就無以治國。建國後，朱元璋就對朝中文武百官說了這樣一番告誡的話：「天下新定，百姓財力俱困，如鳥初飛，木初植，勿拔其羽，勿撼其根。」並且很快進行實際行動。

2. 惠民農桑

朱元璋極為關心農業，採取了一系列發展農業的措施。一是鼓勵墾荒。他頒布了許多鼓勵墾荒的法令條文，並且用免租作為噱頭，規定「二十七年以後新墾田地，不論多寡，俱不起課」。與此同時，還以墾荒的多少作為對官吏獎罰的標準。二是推廣經濟作物的種植。頒令：農民有田五至十畝的，必須栽種桑、棉、麻各半畝，有田十畝以上者加倍種植。三是大興水利。為了恢復和發展生產，朱元璋十分重視興修水利

和賑濟災荒。在即位之初，朱元璋就下令，凡是百姓提出有關水利的建議，地方官吏須及時奏報，否則加以處罰。到西元 1395 年，全國共開塘堰四萬零九百八十七處，疏通河流四千一百六十二道，成績卓然。達到了「瀦蓄以備旱，宣洩以防霖潦」的效果。

3. 減免稅糧

朱元璋出身農民，深知災荒給農民造成的痛苦，在他即位後，常常減免受災和受戰爭影響地區的農民賦稅，或給以救濟。

透過休養生息的政策穩住民生後，接下來朱元璋便進行四大綱領的最後一步 ——「立綱陳紀」了。

1. 廣納英才

朱元璋在馬背上打天下的過程中，深深體會到了人才的重要性，因此，在建國後，進一步在重才、愛才、育才上下功夫。建國後，朱元璋很快恢復了科舉制度，目的很明顯，透過這種方法，從天下讀書人中選擇棟梁之材，封官晉爵，讓他們為朝廷、為大明服務。同時，朱元璋詔告天下，所有郡縣都設立學堂。每三年進行一次科舉，有鄉試、會試等名目。鄉試定在八月，會試定在二月，每三年考一次，每次考試分為三場。第一場考四書經義，第二場考論判章表，第三場考經史策。到了後來，又將四書經義改為八股文，規定越來越嚴，範圍也越來越窄。學子們紛紛揣摩迎合，都從八股文這邊用功，弄得滿口之乎者也，迂腐不堪，沒一點實用。這種流毒一直延續了五六百年，才得到改革。

2. 設立都察

開國之後，朱元璋仿照元朝制度建立了御史臺，洪武十五年（西元 1382 年），朱元璋將御史臺改為都察院，主要人員是都察御史。他按照

全國十三個省區來安排御史負責各地監察事務。這些人權力極大，什麼
都管，什麼也不管，其業務好像現在某些國家的「不管部」，這些人平時
並沒什麼具體事務，整天瞎轉悠，今天去兵部檢查，明天到刑部檢視，
辦事的官員看到他們就哆嗦，但你也沒辦法。

3. 廢除丞相

　　自秦朝首創丞相之職以來，丞相是「一人之下，萬人之上」的位置，
地位之高可想而知。然而，丞相與皇帝的關係卻是很微妙的。一方面皇
帝總是「提防」丞相，害怕丞相威脅到皇權。另一方面，丞相以輔佐治世
為己任，總是試圖不斷擴大自己的權勢。應該說丞相為皇帝分了憂，也
帶來了憂，也正是因為這樣，歷朝歷代都存在著「皇丞不和」的問題。剛
開始建國時，李善長成為第一任丞相。然而，很快朱元璋就決定廢除丞
相。原因是朱元璋對李善長很快就有了審美疲勞。

　　審美疲勞的產生原因就是朝中兩大派系淮西派和浙東派之間的對抗。

黨派之爭

　　朱元璋最開始崛起，是靠淮西老鄉們的支持，最後才一步一步發展壯大，從而完成了「麻雀變鳳凰」的蛻變的。朱元璋在建國後，自然沒有少封淮西功臣，也正是因為這樣，很快就形成了一個權傾朝野的集團——淮西派。前面已經說過了，明朝建國之初，在丞相之爭中，最後李善長踩著天下第一謀士劉基的身子坐上了丞相的位置，擁有了「一人之下，萬人之上」的地位和權力。因此，李善長自然而然成為淮西集團的「大哥大」了，其成員眾多，包括徐達、郭興、郭英、湯和、周德興，以及英年早逝的常遇春等名將，個個都是菁英。而與此同時，唯一可以和淮西派抗衡的就是浙東派。朱元璋在攻占集慶後，為了擴張地盤，向江浙一帶進軍，一邊攻城拔寨，一邊尋遍天下名士。結果在得到了朱升後，又接連得到了浙東四傑：劉基、宋濂、章溢、葉琛。事實證明，朱元璋的求賢若渴沒有白費，朱元璋在接下來和一生之中最大的敵人——陳友諒、張士誠的爭鬥中，正是因為以劉基為首的浙東四傑的陰謀、陽謀，才最終破狼成功。在最後北伐元朝的時候，面對明軍日益驕躁，唯有劉基勸告他要放平心態，要保持平常心，要高度重視敵人，特別是王保保。最後果然應驗了他的話。可以說，朱元璋之所以能打下天下，軍功章裡有劉基一半的功勞。也正是因為這樣，浙東幫的地位在明軍中還是很有分量的。

　　正如一山不容二虎，正是因為淮西派和浙東派並存，為了爭權奪勢，兩派之間的對抗就在所難免了。淮西派的大哥大是李善長，而浙東派的帶頭大哥是劉基。因此，兩派的爭鬥，說白了就是李善長和劉基之間的比拚。

前面已經說了，朱元璋在選第一任丞相時，把李善長和劉基定為兩名最熱門的人選。甚至還一度決策不下。最後對兩人進行考試中，劉基過於「剛直」，李善長因為「圓滑」而最終得到了朱元璋的認可，從而坐了第一把交椅。而本來朱元璋想把屈居第二的劉基，封為御史大夫。但劉基拒絕了，理由是自己才疏識淺，不能勝任。最後按他的意願，當了個小小的「弼馬溫」——御史中丞（監察機構的言官首領）。雖說劉基對權位看得並不是很重，但在這一回合中，顯然是坐上丞相寶座的李善長取得了絕對性的勝利。

考慮到了第一回合的比拚，劉基有謙讓的成分。那麼接下來的第二回合就顯得至關重要了。劉基本來無意和李善長爭權奪勢，然而，正如那句俗話：人在河邊走，哪能不溼鞋！你不犯人家，並不代表人家不犯你。很快，一個叫李彬的人就「犯」了劉基，衝突就此拉開序幕。

李彬原本並不是一個知名人士，但因為他有關係——李善長的親信，很快就由幕後轉到了臺前。因為李彬是當朝宰相李善長身邊的紅人，很快就露出狐狸尾巴來，一是經常幹一些欺民姦淫的事兒，二是經常幹一些違紀犯法的勾當。總之，一句話，很快他就成了雄霸一方的土霸王。國家剛建，就出了土霸王，老百姓對他自然是深惡痛絕。而身為監察機構「頭目」的劉基自然不會放任李彬胡作非為而不管。

擒賊先擒王，捉姦要捉雙。劉基為了掌握李彬的罪行，選擇了比狼還有耐心地守候著，終於現場逮住了李彬作惡犯事的事實和證據。於是，他二話不說就將他逮進大牢，並且準備擇日斬首示眾。自己身邊的紅人不但被抓了，而且還要斬首示眾，這傳出去，作為一國之丞相的李善長臉往哪裡擱？李善長顯然是急了，一急，便直接去找劉基說情。大意是說，我們都是老相識老搭檔了，不看僧面看佛面，這次就放李彬一

馬。按理說身為一國之相，能這樣委曲求全來請求劉基刀下留情，這是需要很大的勇氣的。同時，已經很給劉基面子了。然而，死腦筋的劉基卻執意要殺李彬。

「那就等皇上來了再裁決吧。」李善長弱弱地來了一句。

「不行，君子犯法與庶民同罪。李彬的罪大惡極，理應當斬，誰說情都沒有用。」劉基強硬地回了一句。

李善長見劉基軟的不吃，不由得大怒，很快來硬的：「李彬你不能殺。」就在劉基驚愕時，李善長說出了他的理由：誰要敢殺李彬，老天爺就會把他帶走。解析：京城一帶已經好幾個月沒有下一滴水了，這是因為惹怒了天庭所致，如果現在再枉殺人的話，老天爺一震怒，你吃不了兜著走啊！

李善長說得有恃無恐，眼看搬出朱元璋都無效的情況下，選擇搬出老天爺來唬他。是啊，如果劉基殺了李彬後，天還是不下雨，責任就歸劉基了。

然而，劉基不是嚇大的，他馬上直截了當地回覆李善長六個字：殺李彬，天必雨。意思就是說，我只要殺了李彬，老天定然會感動，感動之下定然會下雨。

就這樣，李彬的腦袋搬了家。而就在李彬去閻王那裡報到時，李善長和劉基也就徹底決裂了。然而，這一次，老天卻很不給劉基面子，李彬死了，就是沒有下雨的跡象。這下，反攻倒算的李善長開始出招了──誣陷。並且還發動了他淮西幫的所有成員，結果很快一塊塊「磚頭」便堆到了朱元璋的辦公桌上。這個時候，朱元璋就納悶了，老好人劉基不是「拾磚男」，而是「鑽石男」啊，怎麼一下子就成了眾人搬磚的對象呢？怎麼一下子就成了眾矢之的了呢？本來無一物，何處惹塵埃

呢？儘管如此，朱元璋選擇的是沉默，一邊派人介入調查，一邊不給任何回覆。是啊，這樣的事，不能亂來，在事情沒有水落石出之前，不能亂下決定。

面對朱元璋的沉默，劉基卻寒了心。劉基原本以為憑自己這麼多年的努力，沒有功勞也有苦勞，沒有苦勞也有疲勞，總之，他這樣日理萬機地操勞，還不是為了大明江山，還不是為了朱元璋！他認為，誰都可以不相信我劉基，但至少你朱元璋應該要相信我啊！

哀莫大於心死，於是，這一年的八月，劉基主動炒了朱元璋的魷魚——辭職。就這樣，李善長和劉基之間的第二回合比拚告一段落。這一回合中，雖然劉基「先發制人」，一舉斬了李善長的一顆棋子，但最終還是李善長反擊得手，因為劉基「丟盔棄甲」，官職也不要，回家種番薯去了。因此，第二回合，李善長勝。

當然，如果你認為劉基、李善長之間的比拚就此結束那就大錯特錯了。走了個劉基，並不代表浙東派就無還手之力了，他還有後來人啊！這個後來的人名字叫楊憲。

內力大比拚

劉基走之前，雖然揮一揮衣袖，不曾帶走一片雲彩，卻向朱元璋推薦了一個人——楊憲。楊憲不但是浙東派的成員，而且是劉基的親信。劉基這樣做，大有「肥水不流外人田」之意。這個時候的朱元璋本來就對劉基的離開後悔不已，因此，他推薦的人自然同意讓其接替他的位置了。

楊憲坐上「中丞」這把交椅後，很快成了狠角色。他上崗後，接過了劉基的教鞭，做他還來不及做的事。首先，他從各個方面去收集李善長的材料，範圍很廣，連衣食住行都不放過。接著，楊憲對收集來的那些材料進行仔細篩選和認真考核。最後，把裝訂成冊的「報告書」畢恭畢敬地交到了頂頭上司朱元璋手上。接到楊憲如同小說連載般的報告，朱元璋頭都是大的。他看完之後，頭更大了。但是，這一次朱元璋還是選擇了和對待劉基一樣的辦法——沉默。一邊派人介入調查，一邊不給任何回覆。

面對朱元璋的沉默，李善長卻「安了心」，是啊，沉默就代表老闆是信任我的啊！於是，他更加囂張了，更加不可一世了，做事也越來越放肆，越來越出格。而這一切盡收朱元璋的眼底，長此以往，朱元璋對李善長態度來了個三百六十度的大轉變。是啊，曾幾何時，朱元璋對李善長的依賴就像老鼠愛大米一樣，但這時，當看清李善長的真面目，他對李善長已變成了「羊愛上了狼」。儘管如此，朱元璋還是保留了君子風範，沒有對李善長馬上「下手」，而是對歸隱在青田的劉基「上手」—召回劉基並委以重任。

劉基又一躍成為「上手」後，李善長馬上成了「下手」。眼看形勢不妙，李善長開始了他作秀表演。

第一招：裝病。藉口身體有恙，從此長期請假在家裡「休息」，希望朱元璋能對他「回心轉意」。然而，結果是他回家後，朱元璋對他幾乎不聞不問，彷彿他存不存在都無所謂。

對此，李善長很快使出第二招：辭職。以身體有恙為由，請求提前退休。是啊，劉基辭職後，最終還是得到了朱元璋的重新召回。他也想借鑑劉基的方法，目的還是一個：希望朱元璋能對他回心轉意。然而，劉基辭職時，朱元璋還再三挽留，可他辭職信交上去，朱元璋馬上就批了。朱元璋正苦著不知道如何對李善長下手，下多重的手，李善長提出辭職，正好「瞌睡給了個枕頭」，朱元璋順水推舟，哪裡有不批的理由！這下，李善長傻了眼，他原本想以退為進，對朱元璋進行「逼宮」，然而，朱元璋卻把他打入了「冷宮」。從此，他成了一介「布衣」。

儘管如此，李善長沒有選擇自甘墮落，也不肯輕易認輸，而是祭出了第三招：找槍手。他的槍手叫胡唯庸，是啊，劉基找了楊憲這個槍手，一舉擊潰了自己，他以其人之道還施其人之身，也找個槍手來對付劉基。

那麼這個胡唯庸又是何許人也？胡唯庸也是安徽定遠人，算是淮西集團的骨幹人物，在朱元璋起兵後的第三年投靠朱元璋，具有小人的一切特徵，精明能幹，做事極有魄力，而且極善於逢迎，史書上稱他「嘗以曲謹當上意，寵遇日盛」。先後擔任元帥府奏差、知縣、通判等多種低、中級官職，但在開國功臣中幾乎排不上號。也就是說，朱元璋打天下的過程中，胡唯庸的建樹非常小，只是因為追隨了朱元璋，他才在亂世中混了口飯吃。但是，朱元璋建國時，也就是胡唯庸發跡時。因為老鄉關係，胡唯庸在李善長當上丞相後，對他百般追隨。因此，很快成了李善長除李彬之後另一個重量級親信，因此仕途也就節節攀高，很快提拔為中書省參知政事。因此，李善長在辭職回家時，在帶走一車金銀珠

寶時，還給朱元璋留下了一個人──胡惟庸。

面對李善長的強力推薦，朱元璋高度重視，就在正準備考察他的能力時，忽然想到先找劉基諮詢一下，就主動找劉基親切交談，朱元璋想透過面對面談話的方式，來判斷胡惟庸的民意調研。另外，也想透過面對面的談話，來了解劉基的內心世界。這叫一舉兩得，何樂而不為呢？

劉基不會料到，他的命運全繫在這一次談話之中。

密室，這一天的氣氛還算融洽，朱元璋和劉基談笑風生。就在這時，朱元璋話鋒一轉，馬上來了個「五問」劉基。

「李善長走之後，你說誰可以做丞相啊？」

面對朱元璋的第一問，劉基顯得十分警惕，進行了模稜兩可的回答：「丞相之位自然是要具有丞相之才，至於誰來當，這事要陛下來裁決。」

面對朱元璋踢來的皮球，劉基轉了個圈後，馬上又踢回給了朱元璋。這時，朱元璋接到球，馬上又踢出去了。

「你覺得讓楊憲來當怎麼樣？」

楊憲是自己的親信，朱元璋這第二問顯然喻意深刻。對此，洞若觀火的劉基搖頭道：「楊憲雖有丞相之才能，卻無丞相之器量。能擔丞相之人，必定要持心如水，以仁政禮義為權衡，方能治好國家。」

「汪廣洋如何？」

朱元璋第三問顯然有他的目的，汪廣洋不是淮西集團的成員，但朱元璋懷疑他和劉基勾結，所以第三個提出他來考驗劉基。

劉基認真答道：「淺薄之人，不可重用。」

「胡惟庸呢？」朱元璋的第四問新鮮出爐。

因為胡惟庸是繼李善長離開後，淮西派新的掌門人，劉基也不敢亂

做回答，只見他沉思良久，才緩緩道地：「胡唯庸器量不夠，才學也不夠，現在還只是頭小牛，如果用他駕車，一定會弄得車毀人亡。而且將來他一定會擺脫牛犁的束縛。」

「那誰可任之呢？」

朱元璋的第五問一出，劉基加快了速度，馬上接著道：「現在朝中還沒有一個適合做丞相的。」

「如此看來，我的相位只有先生可以擔當了。」朱元璋終於亮出了殺手鐧。

一向謙虛的劉基此時像是突然變了個人似的，以更加快的速度回答道：「我當丞相還是沒有問題的，問題是我這個人過於剛直，喜歡做嫉惡如仇的事，如果當丞相，怕有負皇上的恩德，江山代有人才出，皇上還是慢慢找吧。」

對話到此戛然而止，結果是朱元璋拂袖而去，弄得劉基怔那裡半天沒有動。

禍根就此埋下。洪武三年（西元 1370 年），朱元璋終於亮出「屠龍刀」，沒有直接屠劉基的命，而是屠了他的「龍」——職務，把劉基「趕」回了老家。

劉基這根浙東集團的棟梁一倒，是該胡唯庸反攻倒算的時候了。

反攻倒算

劉基一走，胡唯庸、楊憲、汪廣洋三人開始了「三龍戲珠」，針對丞相一職開始了爭鬥。結果狡猾的胡唯庸成功運用勾股定理，以 1+1 ＞ 1 的原理，聯合汪廣洋對付楊憲。史稱這位楊憲「有才辯，明敏，善決事」，但和小人胡唯庸相比，又不是一個重量級的，更何況他有器量狹小、嫉妒刻薄的毛病。所以，儘管他韜光養晦，拚命反擊，但最終還是被胡唯庸的組合拳打倒。

洪武三年（西元 1370 年）七月，楊憲被處死，成了派系以及君臣鬥爭的犧牲品。隨後胡唯庸來了個過河拆橋，又成功地把汪廣洋排擠出「內閣」大臣之列。

就這樣，除去兩位強而有力的競爭對手後，胡唯庸終於如願以償坐上了丞相的寶座。其實，在朱元璋的眼裡，胡唯庸還是挺有領導才能的，能力出眾，政績也不錯，還有一張伶牙俐齒。另外，朱元璋希望把胡唯庸抬起來，用小人來制約有大家風範的李善長，從而從內部徹底瓦解淮西集團。然而，朱元璋不會料到，胡唯庸儘管是小人，但對李善長卻有些君子式的感恩戴德。他在李善長的授意下，開始解決淮西集團最可怕的對手劉基。

此時的浙東集團新掌門人楊憲已被胡唯庸幹掉了，老掌門人劉基退居了二線——告老還鄉了，浙東集團已面臨嚴重的青黃不接。然而，儘管如此，得勢的淮西集團新掌門人還是決定趕盡殺絕，斬草除根，因此，遠在天邊的劉基也逃不脫他的魔爪。

英雄之所以成為英雄，是因為他們做了普通人做不到的事情。同樣的道理，小人之所以成為小人，同樣是因為他們做了普通人做不到的事情。胡唯庸果然不是一般的人，出的招也是屬於一劍封喉型的。他接下來充分發揮小人風範——誣陷劉基。罪名：莫須有。具體方案：他指使淮西集團成員聯名上書集體狀告劉基占據了一塊有王氣的土地，顯然是醉翁之意不在地，而在乎王者之身也。土地是實的，而「王氣」這種東西是虛的，實的東西可以看得見摸得著，給你一雙眼睛足夠。而虛的東西就虛無縹緲，給你一雙慧眼，也看不清道不明，你說有就有，說沒有也沒有，關鍵看領導者信不信。

那麼，朱元璋信嗎？答案是信。其實朱元璋選擇這個答案是很無奈的，甚至可以說是很痛心的。朱元璋不傻也不笨，他不可能這麼快就被胡唯庸的迷魂術迷住了雙眼，他之所以選擇了「信」，原因是劉基自找的。一是上次密室對話產生的後遺症，劉基過於高傲，那一句「朝中除了我誰都不能勝任丞相」，深深地刺痛了朱元璋的心靈。儘管這次朱元璋反其道而行之，主動炒了劉基的魷魚，但並不能消除朱元璋對劉基的猜忌——一句話：放心不下。二是劉基的這塊「風水寶地」深深地震撼了朱元璋的心靈。儘管很有可能這只是塊普通的地，但你啥不好整，為什麼非要整地呢？一旦真的整出了龍脈，整出了王者，那我和我的子孫們該何去何從。

也正是因為這樣，朱元璋「被相信」了胡唯庸的話，於是很快再拿劉基進行開刀處罰。劉基此時已經「無官一身輕」了，這刀捅向哪裡呢？扣除劉基的退休金。

人總要吃飯穿衣啊，沒了退休金，此時已年逾七旬的劉基沒有再選擇「自己動手，豐衣足食」，而是選擇了「再次回京」。是啊，朱元璋扣的不是

他的退休金，是他的命啊！如果此時不去京城，安安分分地在朱元璋眼皮底下過日子，那麼，他還能在青田這個世外桃源享受他的田野生活嗎？

人算不如天算，劉基不會料到，這次的「三進宮」成了他的絕唱。劉基再次回京，本想給朱元璋送人情，卻不料送上的是自己的命。

劉基踏著沉重的步伐來到了南京。朱元璋馬上又召見了劉基。於是乎，朱元璋繼上次「密中談」之後，又來了一次「朝中談」。這一次，劉基知道，這一談關係他的命運。

首先兩人自然是「別來無恙」之類的寒暄，氣氛依然融洽。

「臣有罪。」劉基這次來了個先發制人，「臣私藏風水寶地，有負皇上厚愛，有擾皇上清淨，因此，負罪而來，請皇上依法懲罰。」

「風水一事，信則有，不信則無。」朱元璋淡淡一笑，「朕奪你俸祿，逼你進宮，實乃是想一解相思之苦啊！」朱元璋果然老到，冠冕堂皇的理由說得天衣無縫。

「臣無德無能，害得皇上日夜牽掛，臣有罪，臣惶恐。」

「難得先生肯再度從山林回到了我的身邊，先生以後還是陪在我身邊吧。」朱元璋話鋒一轉，說道，「你做皇子的太子太傅如何？」

「此事萬萬不可。臣老了，不中用了。只剩下一具皮囊，別說做太子太傅，就是留下來也只能是給皇上添麻煩啊，還是讓臣和兒孫們在世外桃源享受天倫之樂吧。」

「可憐天下父母心。誰不想和兒孫們享受天倫之樂啊！可我卻不能，我很擔憂皇子的前程啊！」朱元璋嘆息道。

「我大明朝國力昌盛，皇上不必如此悲觀啊！」

「皇子個個紈袴羸弱，朕恐日後江山社稷難長久矣。」朱元璋感慨

著，目光卻如炬，盯著劉基一字一句道。不知不覺，朱元璋已亮出了殺手鐧。

然而，此時的劉基顯然處於放鬆狀態，忘了上次一言之失造成的嚴重後果，忘了這是一場生死大戰。因此，面對朱元璋的感慨，他同樣感慨道：「冥冥之中，一切自有定數，皇上不必庸人自擾啊！」

劉基的話剛出口，朱元璋臉色大變。身為皇上的他，此時對風水、天命、氣數等最敏感。是啊，我大明王朝才建立，你就談這些，是不是巴不得我大明馬上就垮掉呢？此時劉基模稜兩可的定數，讓朱元璋悟出了「誹謗」的感覺，悟出了「反叛」的氣息，悟出了「挖牆腳」的味道，頓時，朱元璋眼中閃出一絲亮閃閃的殺氣。

劉基那是啥人物，絕頂聰明之人，一言脫口而出，已知失言。對此，他馬上進行了挽救：「臣年老多病，恐來日無多了。又是分外戀家之人，如果沒有什麼要緊事，懇請皇上准許微臣再歸故里，以享天年。」

「先生要棄朕而去？」

「臣不敢，臣惶恐，臣有罪，臣無能，臣……」

「先生，自你歸隱青田之後，朕便成了孤家寡人了，沒有一個能陪朕下棋、喝酒、散步、說知心話的人了。」朱元璋話裡的意思很明顯，四個字：不讓你走。

「如此，臣謝主隆恩。」

對話到此結束。結果是，聰明一世的劉基再度糊塗一時，一句「冥冥之中，自有定數」讓朱元璋和他再度決裂，朱元璋眼裡的那一股殺氣，化作一股青煙，盤旋在了劉基的頭頂上。這是一道緊箍咒，更是一道魔咒，劉基這一輩子在劫難逃了。伴君如伴虎，對此，自知大禍將臨

頭的劉基在後悔不迭之餘，祭出了最後一招：裝病。事實證明這一招是絕招，也是敗招。

洪武八年（西元 1375 年）正月，朱元璋來「回訪」劉基了。當然，朱元璋本人日理萬機，特意派了一個人 —— 胡唯庸代他去探視已在病榻上的劉基，並美其名曰：慰藉自己的智囊。胡唯庸來見劉基也沒有兩手空空，而是帶了一件禮物 —— 月光寶盒，並且對已「臥病不起」的劉基說了這樣一句話：「皇上聽說你病了，很是擔憂你，命太醫們連夜研製了一味專治百病的『特效地黃丸』，祝先生藥到病除，長命百歲。」

劉基一聽胡唯庸來探訪他，心裡就嘆道：是福不是禍，是禍躲不過。這黃鼠狼給雞拜年不安好心啊！此時再接胡唯庸的「大禮」，劉基的雙手顫抖得幾乎接不住。開啟「月光寶盒」，只見盒中盛有一粒藥丸，那藥丸只有佛珠般大小，無色無味⋯⋯劉基的臉色頓時呈現出一片死灰之色，萬種感情湧上心頭：絕望、沮喪、神傷、痛苦、懊惱⋯⋯

皇上真的不允許我回青田？

皇上真的忍心置我於死地？

皇上真的忍心賜我以毒藥？

皇上真的已不能相容於我？

皇上，這一切都是真的嗎？

皇上，您是真的已下定決心了嗎？

一瞬間，劉基真有從病榻上跳下來，直奔皇宮質問朱元璋的衝動，然而，最終劉基還是忍住了，因為也就在這一瞬間，他明白了兩個道理：一是衝動是魔鬼。說話做事都要三思而後行，現在所有的一切，都是自己一時衝動，一時失言所致，這便是衝動的懲罰。二是人生自古誰無

死。是啊，人生百年，滄海一粟。終究是要化為青煙，化為朽土的。既然命星已衰，大限已近，早死與晚死又有什麼區別，與其痛苦地活著，與其被折磨地活著，還不如痛快地死去，還不如及時解脫，還不如到另一個極樂世界去享樂。

想到這裡，劉基臉上恢復了淡定，對胡唯庸淡然一笑，道：「多謝皇上賜藥，多謝丞相勞神。」說著不再猶豫，不再徬徨，將藥丸放入口中，脖子一揚，便吞了下去。

「先生果然豪爽。」胡唯庸見他吃了藥，原本繃緊的神經這才放鬆，臉上頓時笑靨如花，「這藥味道怎麼樣？」

「這藥是世上最好的藥，味道極好了。」劉基道，「丞相要不嘗一下？」

「不……不，不用了。」胡唯庸嚇得面如土色，見劉基已服下藥，他的目的已達到了，便想馬上閃人，腳不由自主地往後退。

「可惜這世上最好的藥不是用來救人，而是用來害人的。」劉基突然坐起身來，厲聲道，「胡唯庸啊胡唯庸，你太狠毒了吧，假傳聖意送毒藥給我服下，你不怕皇上治你死罪嗎？」「不……我沒有……我……」胡唯庸的腳退到了門邊，被門檻絆了一下，跌倒於地。但他什麼也不顧了，起來就向外跑，耳邊傳來劉基最後聲嘶力竭的吶喊聲：「你的下場會比我的更慘……」

對於劉基的死，歷史上有過許多猜測。但是，屬於猜測的東西大多數是很難具體表述的。不過，劉基死在京城倒是事實。這個結果無疑會讓許多人感到：在劉基的生命基座中，是很難有辦法去解脫政治權力的漩渦對他的摧殘和傷害的。套用劉基所著《誠意伯文集》中一首感懷詩，作為對這位謀略家、文學家的緬懷吧。

槁葉寒槭槭，羅帳秋風生。
悽悽候蟲鳴，噦噦賓鴻驚。
美人抱瑤瑟，仰視河漢明。
絲桐豈殊音，古調非今生。
沉思空幽寂，歲月已徂徵。

第二十一章
兔死狐悲

胡唯庸的野心

　　楊憲死了，劉基死了，浙東集團在一夜之間幾乎毀滅。而與之相反的是，淮西集團一夜之間強盛到了頂峰。

　　當然，胡唯庸給劉基「猝死」的責任找了個替死鬼。這個人便是汪廣洋，此時的汪廣洋雖是內閣成員，但早已被胡唯庸「剝削」得只剩空架了，毫無實權可言。便是這樣，胡唯庸非但不念舊恩（汪廣洋幫他一起打倒了楊憲），而是給以仇報。以「莫須有」的罪名掛到了他身上。結果可想而知，儘管毒殺劉基是經過朱元璋的縱容和默許的，但黑鍋總要有人來背，既然胡唯庸找了個替死鬼，朱元璋也就順水推舟了。畢竟，一代軍師劉基的死還是要給天下人一個交代的啊！欲加之罪，何患無辭，結果可憐的汪廣洋先是被朱元璋找了個「瀆職」的藉口摘去了烏紗帽，然後流放到廣南，最後，在半路還是沒有逃脫被斬殺的命運。毒死了劉基，斬殺了汪廣洋，胡唯庸高興了，他坐擁丞相之位，手握大權，可以高枕無憂了。人一高興就容易忘形，胡唯庸不愧為李善長的弟子，不但學會了他的心狠手辣，就連這得意忘形也學得一點兒不差。接下來，胡唯庸好像皇帝他二大爺似的，走起路來趾高氣揚，只看天，不看地。在政務方面，他越發大刀闊斧，獨斷專行，脾氣也越來越大，動不動就罵人，簡直比朱元璋還有魄力。所有官員的上疏奏事，都必須他先審閱，說自己壞話的當然得全部扣留。同時，他還找到一條發財之路，收受賄賂、賣官鬻爵。據史書記載，胡唯庸「獨相數歲，生殺黜陟，或不奏徑行。內外諸司上封事，必先取閱，害己者，輒匿不以聞。四方躁進之徒及功臣武夫失職者，爭走其門，饋遺金帛、名馬、玩好，不可勝數」。

當然，胡唯庸並不是沒有想到東窗事發的那一天，有時候想起朱元璋那張陰森的驢臉，就會嚇得出一身冷汗。但胡唯庸畢竟是胡唯庸，他想出了一個絕妙的主意，那就是全方位地結黨營私，大面積地建立關係戶，人民群眾才是真正的英雄，要想不被朱元璋殺掉，就必須和百姓站在一起，法不責眾，你朱元璋總不能把大臣都一網打盡吧！於是，在這個精神指導下，吉安侯陸仲亨、御史大夫陳寧、都督毛驤等一批重臣都成了他的「人民群眾」，一時之間朝中都是胡唯庸的眼線。

自作孽不可活。胡唯庸的所作所為，自然逃不脫朱元璋的法眼。對此，朱元璋很悲哀。這比得知劉基的死更悲哀。這是發自內心的悲哀，他知道自己的雙手已經沾滿了鮮血，如果不是心魔作怪也不會聽信了胡唯庸的話而毒殺了劉基，也不會如此放縱胡唯庸，胡唯庸也不至於猖獗至此。

最終，朱元璋決定對胡唯庸表示不滿。我們都知道，朱元璋一旦對重臣不滿時，就會找其談心，或是找與之相關的人談論。對李善長不滿時，朱元璋找了劉基商談，對劉基不滿時，他找了胡唯庸談，最後在下手前，還找了劉基本人談。這個時候，對胡唯庸極為不滿的朱元璋同樣找了一個人談心。這個人便是他視為左膀右臂的戰神徐達。

考慮到和徐達非同尋常的關係，這一次朱元璋沒有選擇密室談，而是選擇徐達過生日這一天。因為不是大生日，徐達也沒有辦酒宴之類的，但朱元璋卻不請自來，不但來了，而且還是偷偷摸摸地、不動聲色地來了。他一個隨從也沒有帶，而是帶一罈美酒。自從當上皇上，過去那種馳騁沙場、大碗喝酒、大塊吃肉的日子對朱元璋來說已經不會再有了。所以每當想起當年的開心事，他都要找這幾個哥們兒喝上幾杯。只有這時當皇上的他又彷彿回到了當年，難得一身輕鬆。

兩人把酒言歡，好不快樂。然而，酒過三巡，朱元璋突然問道：「你覺得胡唯庸這個人怎麼樣啊？是不是一個合格的丞相啊？」

　　徐達常年領兵在外，不喜歡胡唯庸的拉幫結派，也不喜歡朝廷的烏煙瘴氣，因而早就對胡唯庸出奇地憤怒了。他深惡其奸，於是來了個實話實說：「回皇上，胡唯庸不但不合格，反而很過分。比起當年李善長的驕橫自大有過之而無不及。」接著他把胡唯庸的劣行陳述了一番。

　　朱元璋聽了，心裡一直往下沉，但臉上卻不動聲色，而是輕描淡寫地說道：「徐達啊，你只管帶兵打仗就行了。不想打了就停下來，把兵交給你的姪子們。也該讓他們鍛鍊一下了，你順便也好好歇歇。」

　　「皇上，臣有幸能活到今天已別無所求，只是怕胡唯庸這廝壞了我們辛苦得來的江山啊！」徐達說著，突然雙眼變得通紅，一是因為激動，二是因為悲憤。

　　「你就不要再說了，咱心裡有數。」說罷朱元璋悻悻而去。

　　其實朱元璋始終打著自己的算盤呢。胡唯庸雖然霸道，但他只不過是自己利用的工具而已。一方面胡唯庸上臺極力打擊浙東派，另一方面，作為淮西人，胡唯庸拉攏自己的小圈子，也分裂了淮西派。他朱元璋不是不想殺胡唯庸，只是時機未到而已。

　　天下沒有不透風的牆，沒過幾天，胡唯庸不知從哪裡得知徐達在皇上面前說了自己壞話，（看來胡唯庸不是白混的啊，哪裡都有自己的耳目）對徐達嫉恨在心，於是，一不做二不休，索性打起了徐達的主意，想除之而後快。

　　於是，一場好戲上演了。

樹倒猢猻散

　　這場朝中最牛文武大臣的比拚開始後，以「武」著稱的徐達卻大顯君子風範，停留在「文」上——動嘴。而以「文」聞名的胡惟庸卻大顯英雄氣概，大力倡「武」上——動手。他決定從徐府內部下手，物色的「槍手」是徐府的門客福壽，誘餌：重金。目標：殺死徐達。有錢能使鬼推磨，這是胡惟庸的觀點。他認為他的財物足以打動福壽的心。然而，人算不如天算，他這一次卻算錯了，因為福壽的心不是一般的心，而是鐵石心腸。他這鐵石心腸是跟隨徐達多年在戰場上廝殺練就的，他對徐達只有敬意，沒有瀆意；只有佩服，沒有不服。靠錢財是打動不了他的心的。

　　因此，他在婉拒胡惟庸好意的同時，馬上向徐達進行了彙報。徐達一聽，原本憂鬱的臉上頓時有了光彩，是啊，他本著君子原則，只停留在動口上，一直羞於對胡惟庸動手，那是因為苦於抓不到胡惟庸的把柄和證據。此時胡惟庸先動手，正好露出了「命門」，給了徐達機會。

　　接下來的事很簡單了，徐達立刻帶著福壽去見朱元璋。朱元璋在弄清事情原委後，一方面很是佩服胡惟庸（沒想到他連徐帥也敢殺），另一方面終於揮起了手中的屠龍刀（他必須給徐達一個交代）。是啊，胡惟庸現在已經成為群僚公敵，不殺不足以平民憤，不殺有可能引起更大的亂子。

　　正當朱元璋瞪大眼睛挑胡惟庸的毛病時，機會終於來了。這一天，胡惟庸的兒子在一次前呼後擁的出遊中忽然墜馬，不幸的是，有一輛違反交通法規的馬車正好打身邊經過，這樣，沒有被摔死的胡公子，竟然被馬車軋死了。胡惟庸愛子心切，他在悲痛欲絕的情況下，一刀結果了

馬車伕的性命。這件事情傳到了朱元璋那裡，朱元璋命令胡惟庸立即向他解釋這件事。胡惟庸早就習慣了飛揚跋扈，他認為，這件事情根本不算什麼，大不了給車伕家屬一點錢便可了事。於是，他在路上想好了所有的藉口和說辭，胸有成竹地來見朱元璋。一見到朱元璋，他馬上老淚縱橫，哽咽著訴說「老年喪子」的不幸遭遇，然後說自己如何任勞任怨地工作，兒子如何兢兢業業地學習，馬車伕撞了人還如何不講道理，最後說明，根據交管部門的勘查，違反交通規則的是馬車伕，自己在喪失理智的情況下，殺掉馬車伕確實錯了，他已經安排自己的家人上門道歉，賠償損失，並願意接受皇帝的處分，等等。但朱元璋非常奇怪，面對胡惟庸絮絮叨叨的訴說，一言不發。胡惟庸沉浸在自己的敘述中，還以為朱元璋在默默地傾聽他痛苦的心聲，好久才發現，朱元璋正不動聲色地看著他。

良久，朱元璋終於站起身來，緩緩地走到他的面前，冷冷說道：「你還是丞相呢，難道不知道國家的法律？」然後，轉過身走了出去。胡惟庸呆住了，他不相信自己的一世功勞竟然抵不住一個交通法規；他不相信，堂堂大明帝國的丞相竟然要為一個馬車伕償命。他一下子癱坐在椅子上，呆若木雞地看著前方。

洪武十三年（西元1380年），朱元璋以「謀反」罪將胡惟庸五馬分屍，夷滅三族。值得一提的是他的死黨塗節，當時的職務是御史中丞。在胡惟庸集團中，塗節可以說是核心骨幹，發動輿論攻擊政敵，拉幫結派，出謀策劃，哪樣都少不了他。但是，這個親信一見朱元璋竟然渾身發抖，他眼見胡惟庸風向不對，便識時務者為俊傑，反戈一擊，親自揭發胡惟庸，把所有的「功勞」都歸於別人，然後等著朱元璋主持正義。但朱元璋不想讓這兩位好友分道揚鑣，案發後，老塗也被押赴刑場執行死刑，與胡惟庸共

赴黃泉。二人在刑場上相遇，不知老塗面對胡唯庸有何感慨。

　　胡唯庸死後，朱元璋把手中的屠龍刀對準了李善長。這時候，李善長因為建造府邸的緣故向湯和借了三百人使用，湯和不能不借，但心中又不平，就把這事給朱元璋提了一次。朱元璋以多年的經驗懷疑其中一定有某種貓膩，就抓住把柄，令人刑訊逼供李善長手下的一個「辦事員」丁斌，結果這個丁斌很快就招供了李善長是胡唯庸同盟的證據，還有李善長不舉報胡唯庸私通倭寇的旁證。

　　朱元璋於是下結論了：善長元勳國戚，知逆謀不發舉，狐疑觀望懷兩端，大逆不道。然後，把已經七十七歲高齡的李善長送上了斷頭臺。

　　至此，隨著胡唯庸和李善長這兩根淮西集團的棟梁倒塌，淮西集團很快步浙東集團的後塵成了明日黃花了。

　　值得一提的是，朱元璋在處死胡唯庸和李善長後，進行了痛定思痛的反思，最後把「罪魁禍首」歸責於「丞相」這個職務上。看樣子權位重了，是要害死人的啊！於是乎，朱元璋馬上進行了大刀闊斧的改革，撤銷了丞相這個延續上千年的職位，取消了中書省的設定。總之，朱元璋不但幹了，而且幹得很徹底。朱元璋有他的目標和野心，他要一手打造至高無上的皇權運作模式。

恐怖的錦衣衛

　　朱元璋在廣納英才、設立都察、廢除丞相三管齊下後，馬上走出第四招：設錦衣衛。淮西集團和浙東集團的爭鬥，以兩敗俱傷結局收場讓朱元璋很是震驚，震驚之餘，朱元璋撤銷了「罪魁禍首」——「丞相」這一職位和中書省機構，還開始了一項令朝野上下聞之毛骨悚然的新發明創作——錦衣衛。

　　錦衣衛亦即祕密特務組織及刑獄機構。是啊，身世坎坷的朱元璋生性本就多疑，在貴為人主之後，給朝中大臣們這麼一攪和，更是缺乏安全感，生怕臣下對自己不忠，更擔心千辛萬苦得來的江山與榮華富貴會化為烏有，因而他時時處處充滿戒備之心，對臣下的一舉一動都不放過。他不僅要求大臣們當面對他畢恭畢敬，言聽計從，忠貞不貳，就是出朝回府之後的言行也要在他的監視與掌握之中。為此，朱元璋煞費苦心，派出密探四處巡視，保證以最快的速度向他彙報各位大臣的動向。

　　於是，聰明絕頂的朱元璋決定用錦衣衛來為自己保駕護航。《水東日記》曾記載了這樣一件趣事，典型地反映了朱元璋手下密探的厲害：大臣錢宰受命編纂《孟子節文》，連日勞作，自感非常疲倦，一日散朝回到家後詩興突發，成詩一首云：

　　四鼓咚咚起著衣，

　　午門朝見尚嫌遲。

　　何時得遂田園樂，

　　睡到人間飯熟時。

這本是一篇信筆之作，詩成之後，錢宰也就寬衣歇息了。沒想到第二日上早朝時，朱元璋一見錢宰就笑著說：「昨天愛卿作了一首好詩啊，可是寡人沒有嫌你上朝『遲』呀，是不是用『憂』字更好一些呢？」這一番話說得錢宰心驚肉跳，連忙磕頭謝罪，心中暗自慶幸，多虧昨日沒有胡言亂語，否則今天此頭就難保了。

朱元璋如果僅僅派親信四處刺探臣下的隱私，顯然還不足以對朝野構成嚴重威懾。起初，朱元璋任用的親信密探名曰「檢校」，任務是專門負責偵察探聽在京大小衙門官吏不公不法之事及風聞之事，事無大小，全部上奏。

洪武十五年（西元 1382 年）四月十六日，著名的皇家特務衙門——錦衣衛正式掛牌。所謂「衛」者，皇帝親軍之謂也，但錦衣衛的使命不僅在於保護皇帝的人身安全，而且專掌不法風聞之事。錦衣衛隨駕出行。這些衣著華麗的男人最初只是皇家的儀仗隊，日後卻慢慢演變為一個令人聞風喪膽的特務機構。

錦衣衛的首領稱為指揮使（或指揮同知、指揮僉事），一般由皇帝的親信武將擔任，很少由太監擔任。其職能：「掌直駕侍衛、巡查緝捕。」一個頓號，基本上把錦衣衛分成兩個截然不同的部門。負責執掌侍衛、展列儀仗和隨同皇帝出巡的錦衣衛，基本上與傳統的禁衛軍沒什麼兩樣，其中比較著名的為「大漢將軍」。這些人雖名為「將軍」，其實只負責在殿中侍立，傳遞皇帝的命令，兼做保衛工作，說白了，就是皇宮大殿上的「樁子」。

當然，這些「樁子」也非等閒之輩，一般都是人高馬大，虎背熊腰，而且中氣十足，聲音洪亮，從外表上看頗有威嚴，對不了解明廷底細的人有一定的震懾作用。至於「巡查緝捕」，則是錦衣衛區別於其他各朝禁

衛軍的特殊之處，也是它為什麼能被人們牢牢記住的原因。其實朱元璋建立錦衣衛的初衷也只是用於鹵簿儀仗，但後來由於他大肆屠戮功臣，感覺傳統的司法機構刑部、大理寺、都察院使用起來不太順手，於是將錦衣衛的保衛功能提升起來，使其成為皇帝的私人警察。負責偵緝刑事的錦衣衛機構是南北鎮撫司，其中北鎮撫司專理皇帝欽定的案件，擁有自己的監獄（詔獄），可以自行逮捕、刑訊、處決，不必經過一般司法機構。南北鎮撫司下設五個衛所，其統領官稱為千戶、百戶、總旗、小旗，普通軍士稱為校尉、力士。

校尉和力士在執行緝盜拿姦任務時，被稱為「緹騎」。緹騎的數量，最少時為一千，最多時多達六萬之眾。錦衣衛官校一般從民間選拔孔武有力、無不良記錄的良民入充，之後憑能力和資歷逐級升遷。同時，錦衣衛的官職也允許世襲。

上有所好，下必甚焉。錦衣衛的設立，為願意充當御用爪牙的臣子提供了真正的用武之地。不少人因此而受到朱元璋的寵任，如高見賢、夏煜、楊憲和凌悅均以「伺察搏擊」馳名一時，就連功高蓋世的公侯都懼之三分。而他們卻博得了朱元璋的歡心，朱元璋曾得意揚揚說：「唯此數人，譬如惡犬，則人怕。」這一比喻是十分貼切的，為了保住朱氏社稷，朱元璋可謂煞費苦心，不惜採用「以毒攻毒」的手段，用邪惡的方式來遏制群臣。事實證明，錦衣衛確為朱元璋剷除異己、大肆屠戮的得力幫凶。朱元璋大殺功臣，羅織大獄，絕大多數都是錦衣衛的幹將承旨而為。朱元璋設立錦衣衛，是為了監視各級官吏的不法行為。皇帝本人不可能事必躬親，去認真審理錦衣衛吏員所告發的每一件案情，因而定罪與量刑就完全掌握在錦衣衛官吏之手。朱元璋特別喜歡使用酷刑，錦衣衛官吏在實際運用中可以說是無所不用其極。古語云「欲加之罪，何患

無辭」，重刑之下，求死不得，焉能不誣？因此，錦衣衛就成為這些皇家特務發洩淫威、任意胡為的工具。

錦衣衛的工作職責除了偵察各種情報、處理皇帝交付的案件外，另一項著名的職能就是「執掌廷杖」。廷杖制度是皇帝用來教訓不聽話的士大夫的一項酷刑。一旦哪位倒楣官員觸怒了皇帝，被宣布加以廷杖，他就立刻被扒去官服，反綁雙手，押至行刑地點午門。在那裡，司禮監掌印太監和錦衣衛指揮使一左一右早已嚴陣以待。受刑者裹在一個大布裡，隨著一聲「打」字，棍棒就如雨點般落在他的大腿和屁股上。行刑者為錦衣衛校尉，他們都受過嚴格訓練，技藝純熟，能夠準確根據司禮太監和錦衣衛指揮使的暗示掌握受刑人的生死。如果這個人兩腳像八字形張開，表示可留杖下人一條活命；反之，如果腳尖向內靠攏，則杖下人就只有死路一條了。杖完之後，還要提起裹著受刑人布的四角，抬起後再重重摔下，此時布中人就算不死，也去了半條命。

相對於杖刑、夾棍等刑罰，廠衛不常使用的幾大酷刑可就令世人不寒而慄了，在幾大酷刑中，刷洗、油煎、灌毒藥、站重枷能把人折磨得死去活來，生不如死。

刷洗：就是將犯人脫光衣服按在鐵床上，用滾燙的開水澆在犯人的身上，然後趁熱用釘滿鐵釘的鐵刷子在燙過的部位用力刷洗，刷到露出白骨，最後直到犯人死去。

油煎：類似於後來的鐵烙鐵。將一口平的鐵盤燒熱後，將人放在上面，不到片刻，就將犯人燒焦了。

灌毒藥：特務們灌一次毒藥，然後餵一次解毒藥，然後再灌另一種毒藥，直到將犯人毒死，目的是使犯人嚐遍了死亡的恐怖和痛苦，特務們在一旁觀賞。

站重枷：明代的這一刑法很特別，戴枷之人必須站立，不准坐臥。枷的重量超過常人體重，最重曾經做過三百斤的大枷，給犯人戴上後幾天就得活活累死。據明朝野史記載，廠衛殺人的酷刑還有剝皮、鏟頭會、鉤腸等。據說，這些刑罰又要勝過以上所說的幾種酷刑。

　　錦衣衛直接受命於皇帝，其他官員無權干涉他們的所作所為。因此，錦衣衛事實上就有了一把至高無上的保護傘，其飛揚跋扈的程度甚至可以不把三法司放在眼裡。但為了遮擋天下人的視聽，錦衣衛往往將審理好的結果交給刑部。因此，在當時人眼中，錦衣衛及「詔獄」成為最高的刑法審理機構。「法司可以空曹，刑官為冗員矣！」三法司的職能與權力為皇帝及錦衣衛所剝奪，實際上導致了王朝法制系統的破壞，朝廷法權竟成為錦衣衛官吏胡作非為的工具。

第二十二章
一將功成萬骨枯

人生苦酒

設立錦衣衛，監視了大臣們的一舉一動了，朱元璋還覺得不放心。他覺得手下那些功臣只要存在一天，他就不安寧一天。最後還是經常睡不著，於是乎，他思來想去，還是決定向劉邦「學習」，做了第五件大事 —— 誅殺功臣。

當然，朱元璋的藉口還是胡唯庸案。

胡唯庸死於洪武十三年（西元 1380 年），連坐胡案死的有李善長、朱亮祖二國公及二十列侯，身為太子老師的宋濂雖免於死罪，但死於流放途中。然而，事情還遠遠沒有塵埃落定，五年之後，大清算終於來了。朱元璋以「謀反罪」為由，「詞所連及，坐誅者三萬餘人」，這真可以叫一個人引發的慘案啊！

這個時候朝中的重量級文將劉基、楊憲、李善長，還有不文不武的胡唯庸及汪廣洋都死了。接下來，朱元璋把目光停留在朝中的重量級武將身上。而在對武將開涮之前，朱元璋還樹立了一個典型對武將們進行「告誡」。

他找的這個人不是別人，而是他兒時的好夥伴湯和。湯和從小跟他可以說是穿一條褲子長大的。此時朱元璋的「收官」之戰，首先想到的是讓他的重要棋子發揮作用。結果，心有靈犀一點通，沒等朱元璋暗示，湯和便主動找上門來了。本來朱元璋還處於驚愕中，不知道湯和登他這個三寶殿有什麼事，而接下來湯和的一句話讓他欣喜若狂。

「我想回家養老。」湯和不疾不徐地說。

「哦，想回家回去就是啊，請幾天假，辦完家事再回來就是啊！」朱元璋喃喃地道。「我想一直待在家裡。」湯和第二句話同樣驚人。

「啊……這是為什麼呢？朝廷不好嗎？」

「朝廷很好，你好，我好，大家都好，但我還是覺得家鄉更好。」

「哦，容我考慮考慮啊。你這一走，我還真不習慣呢！」朱元璋說著，沉吟半晌道，「這樣吧，既然你去意已決，我也不強留你，我送你一套別墅，讓你回家養老吧。你有這套別墅，下輩子可以確保衣食無憂了。」

湯和只有感謝的份兒了。

就這樣，湯和走了，朱元璋笑了，他高興地哼著：朋友一生一起走，那些日子不再有，一句話，一輩子，一生情，一杯酒。朋友不曾孤單過，一聲朋友，你會懂，還有傷，還有痛……

打發了最好的夥伴，朱元璋以明的、暗的、陽的、陰的方式向大臣們大力宣傳，「告老還鄉」才是他們最好最佳的選擇時，大臣們的反應令朱元璋非常納悶，十分鬱悶，相當憋悶。是啊，或許大臣們的想法很簡單很實際，這天下是我們一起打下來的，理應我們一起來坐才對啊！甚至一些功臣仗著勞苦功高，開始胡作非為，欺行霸市。

終於，朱元璋憤怒了，他怒吼道：「給你們仁慈，給你們生路，給你們機會，你們通通不要，這就怪不得我了！」

他憤怒之下，舉起了手中的屠龍刀。

令人想不到的是，朱元璋手中的屠龍刀這一次首先對準的武將居然是戰神徐達。不，這個時候的徐達還有一個響噹噹的稱號叫「魏國公」。

徐達擁有兩大優勢。一是先天優勢。徐達比朱元璋小三歲，他和朱元璋、湯和三人關係怎一個「鐵」字可以形容！類似於三國時劉、關、張

三人的關係，雖然他們沒有舉行像桃園三結義的儀式，但內心深處，他們的關係鐵得比三結義更甚。他們從小一起放過牛，一起割過草，一起偷過腥，一起扛過槍，一起泡過妞，一起……總之一句話，那些年，他們一起在困難中成長。

二是後天優勢。參加起義後，徐達一直追隨朱元璋，徐達本領高，做事又穩重，因此在武將中很快便脫穎而出，大有鶴立雞群之勢。而立了功後，徐達也不居功自傲，而是凡遇大事必找朱元璋商量，凡立大功必分給部下將士，凡有危險必然是衝在最前面，「三凡」之後是不凡，徐達開闢江漢流域，掃清淮楚之地，攻取浙西，席捲中原，聲勢威名直達塞外，先後降伏王公、俘獲將領不計其數……可以說，朱元璋的江山是靠劉基等謀士一招一式「算」出來的，更是靠徐達等武將一步一個腳印「打」下來的。總之一句話，這些年，他們一起開創了大明王朝。

也正是因為這樣，朱元璋在建國後，封徐達為魏國公，公開稱讚徐達是「受命而出，成功而旋，不矜不伐，婦女無所愛，財寶無所取，中正無疵，昭明呼日月，唯大將軍一人而已」。

美國著名歷史學家諾斯古德‧帕金森透過長期調查研究，寫了一本名叫《帕金森定律》的書，他在書中闡述了機構人員膨脹的原因及後果：一個不稱職的官員，可能有三條出路。第一是申請退職，把位子讓給能幹的人；第二是讓一位能幹的人來協助自己工作；第三是任用兩個水準比自己更低的人當助手。

這第一條路是萬萬走不得的，因為那樣會喪失許多權力；第二條路也不能走，因為那個能幹的人會成為自己的對手；看來只有第三條路最適宜。於是，兩個平庸的助手分擔了他的工作，他自己則高高在上發號施令。能幹而不懂怎樣去適應領導者的人，當然只有做事的份兒，不會有提升的好事。

這個時候的徐達其實也有三條路可以走。第一是申請退職，把位子讓給別人；第二是讓一位皇上信得過的人來協助自己工作；第三是任用兩個水準比自己更低的人當助手。

　　然而，顯然徐達只懂得帕金森定律，卻不懂得「飛鳥盡，良弓藏；狡兔死，走狗烹」這個道理。因此，當湯和「申請退職」，選擇「走」時，他卻選擇了「留」。他的本意可能是想對朱元璋說：「留下來陪你每一個春夏秋冬。」

　　當然，他選擇留的同時，還選擇了帕金森定律中的第二條──「讓一位皇上信得過的人來協助自己工作」，這個人便是他的妻子張氏。

　　張氏膂力過人，常常跟隨徐達出入戰場，立下了汗馬功勞，是個不折不扣的「花木蘭」，平常和馬皇后的關係很鐵，幾乎到了無話不說的結義金蘭關係。在徐達眼裡，她應該是朱元璋最信得過的人。然而，徐達不會料到，就是這位最信得過的賢內助，把事給攪沒了。原來張氏和徐達的謙虛謹慎完全相反，她居功自傲，說話不知深淺，再加上和馬皇后深交已久，平日就算是見了馬皇后也大大咧咧，疏於禮數。而馬皇后畢竟是有修養的人，平日裡對她的「口不擇言」並不計較。也正是因為這樣，張氏更加囂張放肆，一日，馬皇后宴請文武功臣們的妻子。馬皇后說：「多虧各位公爺侯爺沙場拚殺，夫人們才有今天的富貴。」她轉臉又對張夫人笑著說：「像魏國公徐大人，也是受苦過來的，哪想到今天的日子。」

　　按理說馬皇后這是給張夫人臉上貼金了，然而，她卻冷冷回話說：「都是窮過來的，如今我家可不如你家！」

　　眾夫人聽了，嚇得愕然，一場歡歡喜喜的酒宴就此草草收場。

　　面對張夫人的無禮，頗有修養的馬皇后還是選擇了忍耐。然而，天下沒有不透風的牆，這件事傳到了朱元璋耳朵裡。朱元璋知道後，怒不

可遏，第一次覺得徐達的存在是個「威脅」，他決定殺雞儆猴，給徐達一點顏色瞧瞧。

於是，他馬上安排了一桌酒宴，請徐達來喝酒。當然，這並不是一場「鴻門宴」（這個時候的朱元璋還下不了這個毒手），而是一場「壓驚宴」（驚從何來，接下來就知道了）。酒過三巡，朱元璋站起身來，拍著徐達的肩膀說了這樣一句話：「牝雞司晨，家之不祥。我這杯酒是特意來祝賀你可以免去滅族之禍的。」徐達一頭霧水，不知所言何謂，趕緊跪下喝了朱元璋手中的酒。回家後才知道，他的妻子張氏已經被朱元璋派錦衣衛給殺了。

面對朱元璋的「不仁」，徐達並沒有「不義」——和朱元璋翻臉，而是默默忍受著喪妻之痛，獨自黯然神傷。

然而，對於徐達的反應，朱元璋卻有另一番解讀。連殺妻之痛、殺妻之恨、殺妻之仇都能忍的人不是一般的人啊！要麼是一個平庸的、碌碌無為的人，平庸得不知道今夕是何夕；要麼是一個深藏著狼子野心的人，隱藏有不可告人的目的。

為了考驗徐達的忠誠度，朱元璋陰招接連使出，招招封喉，招招致命。這不，朱元璋很快對徐達上演一起「迷姦」鬧劇，過程簡述如下：

道具：酒。

方式：灌。

效果：醉。

動作：抬。

狀態：睡。

徐達酒醒後的第一反應是：驚。驚什麼呢？他睡的居然是吳王府邸

（朱元璋的舊宮）的床。

徐達酒醒後的第二反應是：跪。一邊跪一邊說了這樣一句話：「驚趨下階，俯伏呼死罪。」直到這時，「總導演」朱元璋才站出來，拍他的肩膀，說了這樣一句話：「委屈你了。」

這件事之後，威風凜凜的徐達徐大將軍，到了朱元璋面前，他已到了「恭謹如不能言」的地步，似乎連話都不會說了，可見內心對朱元璋的恐懼。但是朱元璋對他的考驗並沒有因此而停歇。

有一次，朱元璋召見徐達下棋，並要求徐達不能讓棋，認真對弈。據說，這盤棋從早晨一直下到中午，仍然未分勝負。待到終盤之時，徐達突然不再落子。朱元璋錯愕：「將軍為何遲疑不前？」徐達乃跪倒在地，答曰：「請皇上細看全域性。」朱元璋這才發現，棋盤上的黑子已被擺成「萬歲」二字。朱元璋大為高興，便將此樓以及莫愁湖花園一併賜予徐達。這就是「勝棋樓」的來歷。

再接著，朱元璋「考驗」徐達的招數層出不窮，徐達畢竟是血肉之軀，經不起這麼多的驚嚇，很快就病倒了。

朱元璋懷疑他是裝病，就親自上門探望，看他是真病還是裝病，不容人通報，就進了徐府。

朱元璋發現徐達這次病得不輕，徐達就躺在床上行了君臣之禮，朱元璋就執著徐達的手，說了許多勉勵徐達的話，徐達也感動得熱淚盈眶，啜泣不已。

朱元璋探望徐達之後，徐達一高興，病就慢慢好了起來。這顯然不是朱元璋想要的結果。於是，他就派了一名御醫去為徐達看病。御醫回來後，朱元璋馬上召見了他，問過徐達的病情後，馬上問：「他這病忌食什麼？」御醫答：「忌食蒸鵝。」

朱元璋一聽，目光突然變得深遠幽長起來，很快，朱元璋就派太監給徐達兩份大禮：一個包裝精緻的木匣和一封信。

徐達開啟木匣一看，裡面竟是隻蒸鵝。再開啟信一看，上面只有十二個字：絕世神鵝，靈丹妙藥。當面使用，過期無效。

徐達不是傻子，一下子明白了。他怔怔地望著蒸鵝，想了很多和朱元璋的陳年往事，那些一起牽手走過的少年歲月，那些一起扛槍上戰場的烽火歲月，那些把酒言歡的燃情歲月，以及這些含沙射影的相煎歲月……

君叫臣死，臣不得不死。徐達想不到朱元璋最終還是對他亮出了「屠龍刀」，他心裡原本一直心存僥倖，那就是朱元璋只是想折磨他而已，並不會真正要了他的命。可是，當這一切真的來臨時，是那麼的突然，又是那麼的熟悉，他彷彿看見了妻子張氏就在自己面前被活活殺死，而自己卻無能為力，他彷彿看見朱元璋那張扭曲凶殘的臉，他彷彿看見了天邊墜落了一顆閃亮的星星，哦，那顆星星就是他本人。哀莫大於心死，一瞬間，徐達萬念俱灰，什麼兄弟，什麼情誼，什麼山盟海誓，什麼燃情歲月，到頭來都是一場風花雪月的過往，到頭來只是過眼雲煙。

徐達含著眼淚安排了後事，然後當著太監的面手撕蒸鵝而食，須臾便斷了氣，享年五十四歲。這就是跟隨朱元璋鞍前馬後打了無數次惡仗，史謂明朝第一開國功臣，剛剛打下了天下，魏國公的交椅還沒暖熱的大將徐達之死。可憐徐達一生功勞顯赫，到最後，還是死在自己兄弟的手中，實為可悲也。而朱元璋等他死後，不知是良心發現，還是作秀的需要，給了他國葬的待遇，算是給他最後的慰藉。

莊子說：「人生天地之間，若白駒之過隙，忽然而已。」僅僅是「忽然而已」，一切的音符便戛然而止，一切的構想、激情、生命，都成灰

燼。而遊戲規則則告訴你說：親愛的朋友，遊戲結束了，對不起，請散場。其實在無垠的、浩渺的天地長河中，人只不過是一粒塵土，還不如白駒呢！

最後一滴血

　　如果說功臣中死得最可惜的是徐達，那麼，功臣中死得最悲慘的就是傅友德了。傅友德是宿州人，很早就追隨劉福通參加了起義，後隨「新主」李喜喜入四川，後歸降明玉珍，最後赴武昌投陳友諒。元至正二十一年（西元1361年），朱元璋攻江州，傅友德選擇了棄暗投明，歸順了朱元璋。傅友德雖然數易其主，但他有兩大特點：一是英勇，於萬軍之中取敵之首級如探囊取物；二是謀深，他從小熟讀兵法，排兵布陣很有一套。也正是因為這樣，到了朱元璋帳下，他很快就脫穎而出，成為朱元璋的寵將之一。特別是在北伐元朝的時候，傅友德的「神奇之旅」，丟擲的是一塊塊磚，引出的是一塊塊玉。一時間名聲大振，成為令蒙古人聞風喪膽的「劊子手」。後來在平定雲南時，也立下了汗馬功勞。因為勞苦功高，被朱元璋封為潁國公，拜太子太師。

　　傅友德是聰明人，他見世風不對，朝中一片狼藉，馬上也選擇了「隱退江湖」。如果傅友德安安分分過他的小日子，那麼，他的結局可能跟湯和一樣，會得到一個善終的下場。然而，他回到家後，馬上又招惹了朱元璋。

　　原因是傅友德想要一塊地，一塊自己看著舒服、準備改造成別墅的地。他或許是這樣想：湯和走了，你都賞了一棟大大的別墅，我現在走了，你就算不賞我一棟別墅，也要賞我一塊地才說得過去啊！然而，他在和湯和「試比高」時，卻忘了劉基的前車之鑑。劉基是啥人，因為一塊地被胡唯庸抓住機會不放，最後逼得他回京，從而落得個不得善終的下場。因此，就在朝中一片風聲鶴唳時，傅友德的要求無疑是自討苦吃。結果

對「土地」本來就很敏感的朱元璋心裡再度起疑了，是什麼風水寶地啊，讓你這樣喜歡，以至於這般低聲下氣地來乞討啊！結果，傅友德沒有討到地，反而討到了朱元璋的一頓訓：「我給你的俸祿不低啊，你為什麼還要跟老百姓去爭奪土地？你難道沒有聽說過春秋時代公儀休的故事嗎？」

　　一句話把傅友德說得羞愧無比，恨不得找個地洞鑽進去。這時，朱元璋已經除掉了徐達，殺紅了眼的他把目光停留在了傅友德身上。因為地的事，他覺得傅友德太不老實了，留著終究是個禍害。但考慮到了直接對傅友德下手，太過直接，於是選擇和對付徐達一樣的辦法。對付徐達，他先是對徐達的妻子張氏下手，而對付傅友德，他卻是先從傅友德的兩個兒子下手。欲加之罪，何患無辭，過程很老套，朱元璋在一次宴會中，本來正在高興中，突然使出了殺手鐧，當眾指責傅友德的兒子傅讓一個罪名：目無王法，目空一切。理由：身為殿前親軍執行守衛任務時，沒有按照規定佩帶劍囊。

　　傅友德一共有四個兒子，長子傅忠是駙馬，次子過繼給了傅友德的弟弟傅友仁，老三就是擔任親軍的傅讓，老四叫傅添錫，在和父親征戰雲南的時候戰死了。傅友德很愛兒子，因此，對尚留在身邊的兩個兒子愛惜有加。此時見朱元璋「詆毀」自己的兒子，傅友德連忙站起來，準備替愛子辯解兩句。然而，這一站不要緊，卻正好給了朱元璋機會，他一看傅友德站起來，厲聲對傅友德說：「你站起來有什麼話說？哪個讓你說話的？」傅友德被朱元璋這一吼，哪敢再言，只好低頭坐下，不敢再言。傅友德的舉動更加激怒了朱元璋，他開始發飆了，當即拋給傅友德一把劍，叫他自己看著辦。

　　傅友德一愣，顫抖了一下，他的腦子在那個時候一片空白，突然一轉念，便毫不猶豫地拿起劍，飛也似的出了大殿的門。片刻之後，這位

叱吒風雲的大將軍提著一把劍，帶著傅忠和傅讓兩個兒子的頭顱回到了大殿。他走到朱元璋面前，既不行禮，也不叩頭，而是來了個怒視。

但朱元璋是什麼人？他依然很冷靜地說了這樣兩句話。

第一句：你居然把兩個兒子都殺了，這樣殘忍的事情，你都能做出來！

第二句：你恨我嗎？

人心都是肉長的，傅友德再也忍受不住了，他豁出去了，他把兒子的頭顱扔到朱元璋的面前，冷笑了一陣子，對朱元璋咆哮道：「你不就是想要我們父子的人頭嗎？我這樣做，不是正好遂了你的心願嗎？」說完揮動手中寶劍向自己的脖子上一抹，鮮紅的血花便瀰散開來……

這突然發生的一幕讓大家都怔住了，傅友德父子壯烈地死了，朱元璋更加震怒了，因為他當著文武大臣的面下不了臺，於是下旨，將傅友德抄家，全部發配雲南，看在已故公主的面子，留下了傅忠的兒子（自己的外孫）。

可憐縱橫南北、所向無敵的名將傅友德，當年拋棄眾多「老闆」，毅然選擇朱元璋，早知這種結局，相信傅友德更寧願為「打漁郎」陳友諒流盡最後一滴血。

傅友德最終不明不白而死，「進不得聲於廟廓，退不得寫於典籍」，然諸史所記對傅友德評價都極高。有詩為證：

茫茫逐鹿起風塵，百戰功高血甲新。
關龍全疆歸掌握，滇南佳績壁荊榛。
氛祲迅掃匡時略，盤劍從容報主身。
剩有一抔靈爽在，故鄉俎豆歷千春。

藍玉案

　　鳥盡弓藏，朱元璋再掀巨案除功臣，為傳位精心布局。當然，此時他還有一個顧慮 —— 他的馬皇后。馬皇后我們都知道，在朱元璋最落魄的時候，正是因為她的不離不棄，才有了朱元璋以後的發跡和成功。也正是因為這樣，朱元璋當了皇上，也玩起了知恩圖報，馬皇后一直占據第一夫人的位置不動搖。而馬皇后不但賢淑、賢惠，且賢能，她極力反對朱元璋的暴行，甚至為此不惜和朱元璋公然鬧翻，也正是因為馬皇后的賢言賢語的勸導，朱元璋才放慢了屠殺功臣的步伐。

　　然而，馬皇后很快就被「閒棄」了，因為她得了一場病，病得很嚴重，病得臥床不起。朱元璋一看，急了，趕緊命太醫前來診治，但出人意料的是，馬皇后卻拒絕了。甚至連太醫給她開的藥也不服，朱元璋問原因時，馬皇后說：「如果我吃藥沒有什麼效果，你就會殺死那些醫師，那不等於我害了他們嗎？」朱元璋希望她醫好，就說不要緊，你吃藥，就是治不好，我因為你，也不會懲治醫生。但是馬皇后還是不肯用藥。就這樣，仁慈的馬皇后替醫生著想竟放棄自身的治療。她死於洪武十五年（西元 1382 年），享年五十二歲。這是這位仁后對朱元璋進行的最後一次勸說。

　　然而，馬皇后的離開，並沒有徹底喚醒朱元璋的良知，他很快化悲痛為力量，把所有力量對準了他手下的功臣們。

　　首先，德慶侯廖永忠成了朱元璋誅殺的對象。廖永忠為朱元璋辦了一件大事，那就是奉命鑿沉小明王韓林兒的坐船，給朱元璋解除了後顧

之憂。然而,朱元璋為了掩蓋自己的真實意圖,居然沒有封賞給廖永忠。曾幾何時,廖永忠血戰於鄱陽湖,朱元璋手書「功超群將,智邁雄師」賜給廖永忠。而後平蜀,以廖永忠軍功最高,當時得到了這樣的綽號:「傅一廖二」(意為傅友德第一、廖永忠第二)。然而,平定天下後,朱元璋卻把他視為眼中釘、肉中刺,並且很快把握有其「把柄」的廖永忠以毒酒的方式賜死。

緊接著,朱元璋把手中的屠龍刀對準了外甥兼養子的李文忠。李文忠是朱元璋姐姐的兒子。十二歲喪母,由朱元璋撫養長大,讀書穎敏。十九歲為將,驍勇善戰,屢立戰功。按理說「乾兒子就是穿著衣服出生的兒子」,朱元璋疼愛還來不及,怎麼忍心下這個毒手呢?原因是李文忠觸怒了他。李文忠經常勸朱元璋「少誅戮、多行善」,這一勸不要緊,頓時讓生性多疑的朱元璋覺得這是李文忠仗著在北伐中立下赫赫戰功後的一種「炫功」的表現,最後借李文忠一次患病之際,故技重演,命太醫開了一劑救命靈藥,李文忠服用後馬上便一命歸陰了,與此同時,太醫也不明不白死了。

在徐達、傅友德、李文忠等重量級武將死後,朱元璋又把目標瞄準了明朝開國元勳藍玉身上。

藍玉,安徽定遠人,是開平王常遇春的內弟,他作戰英勇,而且很有謀略,功至大都督府僉事。史稱:「饒勇略,有大將才。中山、開平既沒,數總大軍,多立功。」後來,又跟隨徐達征討北元殘部,屢立戰功。洪武十四年(西元1381年),藍玉被封為永昌侯。洪武二十年(西元1387年),朱元璋命馮國勝、傅友德為主將,藍玉為副將再次北伐。此時,王保保早已病死(洪武八年病死),但是北元接替王保保的納哈出也是一員猛將,執掌著北元二十萬軍力。聽說有元兵駐紮在慶州,藍玉趁著大

雪,帶領輕騎兵攻破元軍,殺了平章事果來,生擒果來的兒子不蘭溪回來。這次遠征的結果就是納哈出被迫投降,明軍俘獲二十萬北元大軍,繳獲無數輜重。至此,遼東勢力被徹底掃平,藍玉自此執掌大明帥印。第二年,朱元璋命藍玉為主帥,率十五萬大軍與北元殘餘勢力作最後的決戰,此時距離徐達、常遇春初次北伐已經整整二十年了。此次戰役也稱為捕魚兒海戰役。敵軍認為明軍缺乏水源和糧草,不能深入進擊,就沒有防備。加上當時起了大風,捲起黃沙,白天亦昏暗無光。大軍前行,敵人沒有發覺,明軍突然到達元軍營前,元軍大驚,匆忙迎戰,明軍大敗元軍。殺了太尉蠻子等人,招降了他手下的士兵。此次戰役的結果:徹底殲滅了北元的武裝力量,俘獲北元皇帝次子地保奴、太子妃並公主內眷等一百餘人、王公貴族三千餘人、士兵七萬餘人、牛羊十餘萬頭,繳獲了元朝皇帝使用了上百年的印璽。

也正是因為這樣,朱元璋曾把藍玉比作漢朝的衛青,非常信任他。但殺紅了眼的朱元璋這時卻把他當成了眼中的「刺」,自然要拔掉他。

當然,朱元璋對他舉起屠刀,還有一個原因是藍玉自找的。原來藍玉在捕魚兒海戰役之後居功自傲,驕橫跋扈,早已引得朝中上下對他不滿了。其具體表現有四:

一是為所欲為。藍玉的義子很多,對義子們狗仗人勢、惹是生非的行為時常放縱。御史對其家奴的不法行為進行質問,他就叫人「驅逐」執法官,怎一個「狂」字了得!

二是目空一切。藍玉帶兵北征回還,夜半來到喜峰關城下,要求開門,關吏限於制度沒有及時開門,他來了個毀關而入,怎一個「牛」字了得!

三是色膽包天,居然私自占有元朝皇帝的妃子,致使元妃因羞愧而

上吊自殺，怎一個「傲」字了得！

四是擅自專權。藍玉在軍中擅自升降將校，怎一個「驕」字了得！

四管齊下，朱元璋本來就對藍玉的態度由熱轉冷了，於是，朱元璋原準備將其封為梁國公，但是為了懲罰他，臨時改封涼國公。一字之差，而且同音不同義，但是相差十萬八千里。與此同時，朱元璋還把他的過錯刻在鐵券上。原本朱元璋為的是警示藍玉，然而，藍玉依然不知悔改，依然執迷不悟。洪武二十五年（西元 1392 年），太子朱標死，皇長孫朱允炆孱弱，朱元璋又開始「拔刺」了，而這時候，一貫冒犯法度的藍玉成為首當其衝的靶子。

此時，朱元璋還做了一件「殺雞儆猴」的事，周德興大家都不陌生，他也是朱元璋兒時的好夥伴之一，因為年齡大一點，朱元璋一直稱之為兄。洪武十四年（西元 1381 年），五溪發生叛亂，朱元璋派周德興出山平亂，結果周德興立功而還。後來，福建也發生了小動亂，朱元璋又讓周德興掛帥上陣，結果同樣沒有負朱元璋厚望。就這樣，周德興仗著「後來居上」的小功勞，開始驕傲自大起來。洪武二十五年（西元 1392 年）八月，有人把他的兒子周驥告上了「法庭」，理由：同宮女亂搞男女關係，傷風敗俗。結果：朱元璋很生氣，後果很嚴重。朱元璋遷怒到了周德興身上，以「帷德不修」的罪名，把周德興殺了，並沒收其全部財產。

然而，周德興的悲慘下場並沒有引起藍玉的警覺。藍玉依然我行我素。洪武二十六年（西元 1393 年），錦衣衛指揮使蔣瓛告發藍玉，罪名：藍玉在私第蓄養家奴，意圖謀反。蔣瓛為人謹慎，他要告發，那還有假？於是，逮捕了元將納哈出的兒子察罕，追查藍玉和蒙古降將來往的事情。最終，朱元璋以謀反罪將藍玉處以磔刑。

藍玉死後，定遠侯王弼發了一句牢騷話，被朱元璋知道了，結果，

朱元璋以「莫須有」的罪名把王弼送上了斷頭臺。

　　緊接著，馮國勝見世風不對，趕緊來了個告老還鄉，結果朱元璋對他讚賞有加。但兩年後，有人向朱元璋報告馮國勝私埋兵器，朱元璋想也沒有想，就對馮國勝處以了極刑。據說馮國勝死前在家設宴，毒死全部女眷，其女兒馮秀梅、馮文敏同時被害，以免受朱元璋的凌辱。就這樣，朱元璋誅殺藍玉後，並株連蔓延，自公、侯、伯以至其他文武官員，製造了誅殺一萬五千人的大案要案。因藍玉案被株連殺戮者，當時稱之為「藍黨」。該案與胡唯庸案合稱為「胡藍之獄」。此兩案發生後，明朝元功宿將除了常遇春「出師大捷身先死」，湯和識時務地「低調引退」，沐英（朱元璋義子）病死外，開國功勳幾乎被朱元璋全部屠殺。

第二十三章
迷途、歧途、仕途

法不容情

貪汙腐敗是歷史上長期存在的一種社會問題，自從文明社會誕生以來就一直困擾著人類。倡導為政清廉，懲治貪汙腐敗是中國歷代王朝治理國家、管理社會的一項重要內容，也是反貪立法的著眼點，由此形成了中國古代豐富的反貪法律史料。

談到中國歷史上懲貪官、反腐敗最厲害的皇帝，恐怕要數明太祖朱元璋了。這位出身貧寒，討過飯放過牛，當過遊方和尚，從一個馬弁幹起，最後得了天下的皇帝，對人情世故的了解，比起一般人來要透澈深刻得多。也正是因為這樣，朱元璋建國後，在一手抓與民休息，一手抓屠殺功臣時，還做了一件事，那就是以猛治吏。朱元璋信奉「吾處亂世，不得不用重典」。在武官不斷死後，朱元璋在「貪」字上下足了功夫。

一是立法。洪武十五年（西元 1382 年），朱元璋改設都察院後，立即發表的《大明律》中明確規定，受財枉法者，一貫以下杖七十，每五貫加一等，八十貫則處以絞刑。受財不枉法，一貫以下杖六十，每五貫加一等，至一百二十貫杖一百，流放三千里，後改為受四十貫就流放。貪贓鈔六十兩以上官吏，均處以梟首示眾並剝皮實草等酷刑。為了反腐懲貪，除了嚴刑峻法，朱元璋幾乎沒有任何選擇。明朝的縣、衛附近許多地方都設有土地廟（不要誤會，這裡的土地廟絕對不是土地爺的福地），這是朱元璋對貪官汙吏剝皮行刑的刑場，當時就叫「皮場廟」。假如你生活在那個時代的鄉村，你經常可以看到，剝下的腐敗官員人皮，被填滿雜草後，懸掛在官府公堂，以示警戒。官員在此辦公，心驚肉跳。我們

且看朱元璋的刑罰，除凌遲之外，還有裸置鐵床，沃以沸湯；有鐵刷，以鐵帚掃去皮肉；有梟令，以鉤鉤脊懸之；有稱竿，縛之竿杪，似半懸而稱之；有抽腸，亦掛架上，以鉤鉤入股道而出；有剝皮，剝貪吏之皮，置公座之側，令代者見而儆懲。此外，還有挑筋、剁指、刖足、斷手、刑臏、去勢等酷刑。

與此同時，為了杜絕當時的財務混亂現狀，他還認真總結經驗教訓，實施了一系列新的管理措施，其中重要的一條，就是將漢字中的數字「一、二、三、四、五、六、七、八、九、十、百、千」，在進行錢糧等財務登記時改寫為「壹、貳、叁、肆、伍、陸、柒、捌、玖、拾、陌、阡」。這一舉措對於堵塞財務管理上的漏洞，確實造成了重要的作用，同時成為中國歷史上金額大寫字的首創。不過，隨著社會的發展，人們在實踐中逐漸將「陌、阡」二字改寫為「佰、仟」，並在財務往來中一直沿用至今。

二是普法。洪武十八年（西元 1385 年），朱元璋把很多政府處理的貪汙受賄、為非作歹的案例，編成四本書，分別是《大誥》、《大誥續編》、《大誥三編》、《大誥武臣》。他要求每家每戶必須有一本《大誥》，目的是「家傳人誦，得以懲戒而遵守之」。《大誥》公開頒布當年，朱元璋親臨午門為其造勢，還親自對群臣講解《大明律誥》的「立法宗旨」。在民間，朱元璋令人組織講讀大會，聘請專人講授，萬眾聆聽，當時「天下有講讀大誥師生來朝者十九萬餘人」，政府發動十九萬人搞普法教育，可以說規模空前。

洪武二十五年（西元 1392 年）八月，朱元璋煞費苦心頒布了一份反腐教材，叫做《醒貪簡要錄》，由政府統一出版，再賜給官吏，每人一冊。朱元璋親自作序，他在序中寫道：「四民之中士最貴，民最苦，最苦

者是什麼哩？每當春耕之時，雞鳴而起，驅牛柄犁而耕。禾苗即種，又要耕耨，炎天赤日，形體憔悴。等到秋收，交官之外，所剩無幾，要是遇上水災蟲災，則全家惶惶，毫無希望。今居官者不念民苦，甚至刻剝而虐待他們，真是太沒有心肝了。今頒書於中外，望做官的懂得體恤吾民！」在書中，朱元璋詳細記載了大明帝國各級官吏的品級、俸祿，折合稻穀是多少，然後，再折合成平均畝產是多少，農民需種多少畝田才能產出，按照《醒貪簡要錄》的演算法，七品縣令月薪七點五石稻米，年薪為九十石，需要七十多畝地、五個農民專門為之生產，光是挑那些稻禾就需要走一千多里地。每次誅殺重大貪汙犯，朱元璋都命令官員到刑場觀斬，還要刑部將其罪行印發到各衙門，廣為張貼，以示教育。

　　三是執法。朱元璋深知官場官官相護的道理，為了下言上達，他廣開言路，在午門外設立「鳴冤鼓」，百姓若有冤屈，在地方政府無法討回公道，就可擊此鼓鳴冤、直接申訴，由他親自審理。為此，朱元璋還打破只有朝廷大員才能早朝的規矩，規定所有的官員，不論品級、隸屬，均可參加早朝，上殿倡言國事，如有隱情，還可申請單獨召見。

　　為打消老百姓害怕遭到打擊報復的顧慮，朱元璋准許百姓密封奏事，就是直接給他寫密信。此外，他還廣設檢校，對各級司吏進行監視，一旦發現官員有貪贓枉法的行為，即可隨時舉報，哪怕是深更半夜，朱元璋也會聞訊起來接見。因此，有的貪官晚上受賄，第二天早晨就有「檢察官」上門了，動作之神速，讓人驚嘆。這樣，就連在遠離京師的偏僻之地，郡縣之貪官汙吏也提心吊膽，不敢稍有鬆懈，日夜擔心被人舉報。

　　朱元璋深知，官員下鄉往往會倚勢欺人，趁機盤剝，即使官員本人廉潔清正，也會給百姓增加接待的負擔。因此，朱元璋禁止官員擅自下

鄉擾民，凡擅自下鄉擾民的官員，將其逮赴至京，斬首於市。朱元璋嫉惡如仇，即使是親屬犯法，也一視同仁，絕不姑息。在他眼裡，大明律法對所有的人都是一樣的，既沒有親疏之別，也沒有等級之分。

事例一，朱元璋唯一的親姪、義子朱文正，跟隨他南征北戰數十年，戰功赫赫，官至大都督，但在鎮守江西期間，驕奢淫逸，竟強聘民間未婚女子和他睡覺，被人告發。朱元璋聞訊大怒，立即召回問罪。雖然馬皇后親自求情，朱元璋仍然將其一撤到底，放黜鳳陽守陵。

事例二，晉王朱棡是朱元璋的第三子，朱棡喜歡文物，時常將出土文物據為己有，還大修宮殿別墅，選美女以供自己娛樂。朱元璋聽到舉報後，將其抓到京城，本來想問斬，終因太子跪泣求情才得赦免。

事例三，洪武三十年（西元 1397 年），發生了駙馬歐陽倫走私茶葉案。當時，只有中原地區才產茶葉，但西番、青海等地的人因為吃牛羊肉的生活習慣，更需要內地茶葉化解油膩。當時的茶葉屬於戰略物資，一般由官府控制，主要用來交換西番的馬匹。朱元璋規定：任何人不得走私茶葉。但歐陽倫依仗自己是皇親國戚，以為自己可以例外，讓他的手下動用官府車輛，走私茶葉，不納稅，不服管不說，還擅自闖關，地方官員伺候不好，還連打帶罵，有人不堪忍受，告到朱元璋那兒。朱元璋大怒，說：「大明律法，你歐陽倫要帶頭破壞嗎？」根據律令，當斬歐陽倫，即便公主也不能救他。

事例四，涉及法律，朱元璋連兒時哥們兒湯和的姑父也不放過，此人隱瞞田地，拒絕繳稅賦，朱元璋知道後，說道：「席某恃和勢，不畏法，故敢如此。」斷然將席某處死。

總之一句，這種大義滅親，在朱元璋眼裡叫法不容情。

反腐三部曲

朱元璋在上演法不容情、大義滅親的同時，也上演了法不容眾、大義滅臣。馬上來了個反腐三部曲。

一是在處理小案時，突出一個「快」字

名案解析：朱亮祖案。

洪武十二年（西元 1379 年），開國大將朱亮祖受命出鎮廣東，朱是武將出身，斗大的字識不了一筐，他放縱軍士胡作非為，欺壓良善，搞得天怒人怨。本來像朱亮祖這樣的人是沒人敢管的，但偏偏碰上了一個性格耿直的縣令道同，此人是蒙古族，以至孝聞名。道同執法嚴明，嚴懲地痞惡霸。朱亮祖到廣州後，很快與惡霸沆瀣一氣，把廣州搞得烏煙瘴氣。番禺城中有一群流氓地痞，欺行霸市。有一天，道同布好眼線，一舉將他們抓獲，又從他們口中得知其為首者，一併抓來枷在大街上示眾。百姓無不拍手稱快。一些漏網之魚找到朱亮祖，求他出面搭救。朱亮祖本身就是流氓，他對朱元璋的性格還是有所了解的，不敢把地方政府怎麼樣，就讓人將道同召至府上，設酒食款待，席間委婉地請道同放人。以道同的脾氣，自然不同意，他歷數了這些人的罪惡，然後對朱亮祖說：「大人以侯爵之尊，出鎮南疆，應當撫慰百姓，除霸安民，不要受小人蠱惑。」一席話將朱亮祖弄得啞口無言。

朱亮祖見道同一個七品縣令竟然不買他的帳，覺得自己很沒有面子。第二天早晨，朱亮祖親自帶人砸開枷鎖鐐銬，將那些地痞惡霸搶走釋放。老朱依然餘怒難息，沒過幾天，他借地方官員拜見的機會，誣陷

道同禮節不周,對其進行了嚴厲責打。朱亮祖有個羅姓愛妾,其兄弟天天帶著一群惡奴在街上遊蕩,尋釁滋事,掠人田宅、搶人妻女成了家常便飯。百姓告發羅氏兄弟的狀子堆滿了道同的書案,一些人更是攔轎哭訴。道同十分棘手,知道只要自己一動手,朱亮祖便會出面干涉,但想到受害百姓,就決心再與朱亮祖鬥一次。經過周密調查,道同祕密逮捕了羅氏兄弟,將其關入縣衙,並派人嚴加看守,沒想到朱亮祖這次更絕,直接調集軍隊衝進縣衙將羅氏兄弟搶走了。道同仰天長嘆,他知道憑自己的力量是鬥不過朱亮祖的,但已經沒有退路了。與其束手待斃,不如主動出擊,道同連夜寫好奏章,派人祕密送往京城。不料,朱亮祖有個很聰明的幕僚,他說:「按道同的脾氣,他會冒死上疏的。大人,不如先發制人。」朱亮祖來了個惡人先告狀,彈劾道同傲慢無禮,立刻讓人擬好奏章,派快馬送往南京。結果,朱亮祖的奏章率先送到朱元璋處,朱元璋非常吃驚,在奏章中加了「目無官長」的罪名,當即批了「斬立決」,派使者去廣東執行。朱亮祖派人買通了使者,棄船登陸,乘六百里快馬,晝夜兼程,迅速趕到廣州,將道同斬首。幾天後,道同的奏章也送到了,道同奏章字字血聲聲淚,朱元璋恍然大悟,方知受了朱亮祖的矇蔽,於是,立刻派人追回誅殺道同的上諭,並調道同入京。但一切都晚了,使者回來稱,道同已死。朱元璋怎麼想,都不大對勁兒,照常理推算,前道命令應當能夠追回,他知道一定是朱亮祖從中作祟,便再次派人赴廣東捉拿朱亮祖父子進京。洪武十三年(西元1380年)九月初三,朱亮祖父子被押到南京。朱元璋滿臉怒氣,朱亮祖雙腿一軟,就跪了下去,膝行向前,不住地以頭撞地,請求寬恕。朱元璋怒火中燒,命武士對其進行鞭打。武士們早就從朱元璋的表情讀出結果,於是,加重了鞭打力度,不一會兒,朱亮祖父子氣絕身亡。

在這件事上,朱元璋快刀斬亂麻的風格展現無遺。

二是在處理中案時，突出一個「狠」字

名案解析：空印案。

案發生在洪武十五年（西元 1382 年）。過程可表述為：當時朝廷規定，戶部（相當於今日的財政部）須每年稽核各地方政府例行上報的財務報表，且要求非常嚴格，稍有不合，立即作廢重報。於是，各地進京申報報表的財務人員為了少折騰，就便宜行事，在進京時攜帶多份蓋好了本地公章的空白報表，以便在與戶部反覆核對數字後，即可重新填制。

而造成「空印」的原因是，當時的通訊、交通工具還不發達，汽車、火車、飛機通通都沒有。因此，遠的省分來回一趟京城需要一兩個月甚至數個月，且不說耗費大量的人力、物力、財力，如果一旦報表數據有誤或是稍有紕漏，又得「從頭再來」。長此以往，各地財務部門苦不堪言。上有政策，下有對策，於是就出了這個對各方都有利的「空印」招數，並為各方所預設接受。

天下沒有不透風的牆，朱元璋透過一次偶然的機會知道了這件事後，認為這是個官員相互勾結、徇私舞弊的驚天大案。戶部對地方政府報表的稽核，是當時朝廷（朱皇帝）規定的制度。執行制度「沒有任何藉口」，必須無條件執行。制度執行中有困難、有弊端，也必須經過嚴格的程序，審查認定後方可「變通」，絕不能搞「上有政策、下有對策」，否則即是違規，違規則必受懲罰。為此，朱元璋震怒了，下令將全國十三個省、一百四十一個府、一千多個縣的主印官（一把手）共一千三百多人（其中包括監督不力者），不論清貪良莠全部處死，副職以下官員打一百棍，充軍流放。

在這件事上，朱元璋鐵腕整治的特點展現無遺。

三是在大案上，突出一個「準」字

名案解析：郭桓案。

事件起因：洪武十八年 (西元 1385 年) 三月，御史余敏、丁廷舉告發戶部侍郎 (財政部副部長) 郭桓貪汙，並檢舉其貪汙行為如下：

第一條，挪公款。應天、鎮江等五個州、府，是朱元璋最早的根據地，由於此地區百姓長期「無私支援」朱元璋的軍隊南征北戰，為了回報這份恩德，朱元璋決定免除這些地方所有民田的夏稅秋糧，官田則減半徵收。但是，到了徵稅的時候，這些州縣幾十萬官田的夏稅秋糧，竟無一粒收繳上倉，全部被郭桓等人勾結地方官員，私自瓜分了。第二條，吃回扣。戶部本該收浙西地區的秋糧四百五十萬石，郭桓卻只收了六十萬石糧食和八十萬錠銀鈔。這些銀鈔可以抵二百萬石糧食。剩下的一百九十多萬石糧食，就被郭桓夥同當地的官員私分了。第三條，亂收費。以郭桓為首的貪官汙吏在徵收皇糧國稅時，巧立名目，擾民害民，收取的費用五花八門，多如牛毛，比如：車腳錢、水腳錢、口食錢、庫子 (即倉庫保管員) 錢、蒲簍錢、竹簍錢、沿江神佛錢 (運輸官糧的時候需要求神拜佛，以保佑官糧押運平安的錢)。第四條，收紅包。郭桓等人收受應天等地富戶徐添慶等人的賄賂，私自免除他們的馬草 (戰馬所需的草料)，將負擔轉嫁給已經交納馬草的安慶百姓。第五條，假充真。郭桓還搞納糧入水、納豆入水的勾當 —— 每年都有一些奸詐的大戶，夥同倉庫官在豆、糧中拌水，以增加斤兩。每間倉庫容量不少於一萬餘石，往往只因為一戶刁民摻水，結果就導致官糧經溼熱一蒸而全倉壞掉。

對於這個舉報，引起了朱元璋的高度重視，他立即成立了以右審刑吳庸為組長的郭桓案專案組。專案組進行了全方位的調查後，很快向朱元璋彙報了調查結果：郭桓等人幾年之內連貪汙帶盜賣再加上摻水毀掉

的官糧，總共造成了兩千四百萬石糧食的損失，而這相當於當時整個國家一年的收入。

結果，朱元璋震怒之下，郭桓等主犯們的腦袋很快就搬了家。

與此同時，朱元璋採取鐵血措施，還對他們的同黨追查。結果在嚴格的追查之下，朱元璋發現，幾乎所有六部的官員都成了郭桓的同犯。其中包括禮部尚書趙瑁、刑部尚書王惠迪、兵部侍郎王志、工部侍郎麥至德等部級高官顯貴，下面的臭魚爛蝦小嘍囉更是數不勝數。

古語云「法不責眾」。但朱元璋先生不信這一套，他下令：該殺的都得殺！此案過後，朝中各部裡都只剩下寥寥可數的幾個掃廁所的清潔工，部長差不多成了光桿司令。這種場景，在中國歷史上是絕對空前絕後的。在這件事上，朱元璋「雷厲風行」的個性顯現無遺。

總之，朱元璋當政三十一年，先後發起六次大規模肅貪，殺掉貪官汙吏十五萬人，成果輝煌。最後，不得不搞出「戴死罪、徙流罪辦事」的「新生事物」，就是貪官被判了死刑、流放，但還沒有馬上執行的，可繼續留任辦公，公務辦完後再殺、再流放。堂堂衙門，竟出現了堂上犯人審堂下犯人的奇觀。

後來，文武百官上朝時有「兩怕」：一怕朱元璋的玉帶；二怕御史官的緋衣。朱元璋上朝時若將玉帶高掛在胸前，上朝的百官便心裡一塊石頭落了地，皇上今天情緒不錯，沒有什麼大礙。若是朱元璋將玉帶撅在肚皮下面，文武百官則個個噤若寒蟬，膽顫心驚，因為這是朱元璋要下決心大開殺戒的預兆，當天準有官員掉腦袋。而監察都御史上朝時要是穿上緋衣，便意味著在皇上面前要彈劾官員，指不定輪上誰倒楣。所以，文武百官上朝時特別留神「玉帶」和「緋衣」這兩件東西，只要有其中一件出現，上朝的官吏無不戰戰兢兢，心驚肉跳。從洪武十八年（西

元 1385 年)到洪武二十八年（西元 1395 年），朱元璋嚴厲打擊貪汙腐化。
那個時候，幾乎無日不殺人。在洪武時代做官，真的是一件極為危險的
勾當。傳說當時的京官，每天清早入朝，必與妻子訣別，到晚上平安回
家便舉家慶賀，慶幸又活過了一天，當真印證了「伴君如伴虎」這句話。

史上最苛刻的老闆

　　說了朱元璋這麼多殘暴的事，現在來說說朱元璋善良純真方面的事。由於朱元璋出身貧苦農家，不僅深深體諒農民生活的艱辛、物力的艱難，而且他還身體力行，帶頭倡導節儉。具體表現在衣食住行方面。

一是「縮衣」

　　朱元璋對後宮的嬪妃、子女要求嚴格，他的名言是：「珠玉不是寶，節儉才是寶。」號召大家要艱苦樸素，所有的衣服不穿破不得丟棄，剩下的布料也要保留，還將其拼接成百衲衣，施捨給老弱孤寡。在朱元璋的影響下，宮中的後妃也十分注意節儉。她們從不過度打扮，穿的衣裳也是洗過幾次的。有個內侍穿著新靴子在雨中行路，被朱元璋發現了，氣得他痛哭了一頓。一個散騎舍人穿了件十分華麗的新衣服，朱元璋問他：「這衣服用了多少錢？」舍人回道：「五百貫。」朱元璋痛心地說：「五百貫是數口之家的農夫一年的費用，而你卻用來做一件衣服。如此驕奢，實在是太糟蹋東西了。」

二是「節食」

　　洪武元年（西元 1368 年），經過十七年征戰，朱元璋終於坐上皇帝寶座，設宴款待開國元勛，按說，這算開國第一宴，規格自然不用說了，但朱元璋設的是「自助餐」，每人一碟炒豬肉、一碗燉山羊肉，還有幾樣蔬菜、一壺水酒，這就是他的宴會。我們由此可以推斷出他的個性，可以說寡淡如水，其皇宮既沒有奢華的雕梁畫棟，也沒有萬紫千紅的奇花異草，如同一個老農，朱元璋喜歡在空閒之地種蔬菜瓜果，看見豐收的景象就想

笑。在個人生活方面，朱元璋一日三餐非常簡單，大多是一碗玉米粥，幾個窩窩頭或米飯，再加上點辛辣葷菜（喜歡吃大蒜），一般情況下，朱元璋是不吃大魚大肉的，更不喜歡什麼山珍海味。一直到老年，這種艱苦樸素的生活才稍有改變。有一次，浙江金華府向他上貢了一袋香米，他覺得味道不錯，但又害怕擾民，只吃一餐，剩下的悉數退還，還一再申明不得再貢。但老朱也是人，儘管沒有，還是念念不忘那頓香米飯，就叫人從金華弄來種子，讓內臣在皇家林苑開十幾畝水田，自己親自動手播種，這才算解決了香米飯的問題。與此同時，朱元璋不喜歡喝酒，他多次釋出限制釀酒的命令，並且發表「限酒令」。

三是「寒住」

明朝建立後，按計劃要在南京營建宮室。負責工程的人將圖樣送給他審定，他當即把雕琢考究的部分全去掉了。工程竣工後，他叫人在牆壁上畫了許多怵目驚心的歷史故事做裝飾，讓自己時刻不忘歷史教訓。有個官員想用好看的石頭鋪設宮殿地面，被他當場狠狠地教訓了一頓。朱元璋用的車輿、器具、服用等物，按慣例該用金飾的，但他下令以銅代替。主管這事的官員說，這用不了多少金子。朱元璋說：「朕富有四海，豈吝惜這點兒黃金！但是，所謂儉約，非身先之，何以率天下？而且奢侈的開始，都是由小到大的。」他睡的御床與中產人家的睡床沒有多大區別。在他的影響下，大臣們也紛紛以住「陋室」為榮。

四是「簡行」

朱元璋平常出行都是盡量從簡，而到下面去「考察」，也多半是以「微服」為主。他為讓兒子們得到鍛鍊，命令太監織造麻鞋、竹籬自用，規定諸王子出城稍遠，要騎馬十分之七，步行十分之三。他終生嚴格要

求自己，不懈怠，不腐化。

　　朱元璋對自己要求嚴格，對手下的臣子們要求自然也不會低，他很快把自己勤儉節約、樸實無華的風格強加到了手下臣子們的身上，很快以以身作則的方式打造了一個歷史之最——史上最低的官員薪資。

　　據史載，明朝開國初期官員的薪資，若按照級別來劃分，省部級幹部每年的薪資是五百七十六石稻米，折合成現在的新臺幣，月薪大約是五萬四千元；司局級幹部每年的薪資是一百九十二石稻米，月薪大約是一萬八千元；縣處級的七品官每年薪資是九十石稻米，月薪大約八千元。

　　興許有人覺得，這薪資也不算低了。可是，細心的人曾經給算過一筆帳，算完後您再瞧瞧，這賺到口袋裡的銀兩可就有點可憐了。

　　首先，當時朝廷發的都是實物薪資。官員領回家的不是稻米，就是布匹，甚至還有胡椒、蘇木，當然也還有銀子，可這一切都要按稻米折算。於是折算率就成了朝廷鬥心眼兒、玩貓膩的一招！《典故記聞》中載：明朝的戶部曾將市價三四錢銀子一匹的粗布，折算成三十石稻米，而三十石稻米在市場上至少賣二十兩銀子。倘若以此來折算，完全把布匹當成薪資來發，一位縣太爺每年才能領三匹布，這樣的粗布拿到市場上只能換二石稻米（將近二百公斤），月薪也就合一千八百多塊新臺幣。這麼一算，明朝的高官，月薪資也就一萬多塊錢。

　　再者說，那時沒有社會福利，也不時興公費醫療，一旦官員退休，生老病死無依靠。成化十五年（西元 1479 年），戶部尚書楊鼎退休，皇上加恩，每月才給了二石稻米，不過二千多元新臺幣。這還是財政部長的待遇，一般官員還享受不到。

　　最後，過去不講究計劃生育，也沒有雙薪家庭這麼一說，中國人講究「多子多福」，喜歡兒孫滿堂，官吏們要是有個七八口子，拖家帶口，

全指望這點兒薪水餬口度日，得！生活條件比如今的失業勞工也強不了哪裡去。

其實，朱元璋對官員薪資微薄心知肚明，不過，他有自己的一套理論。每逢官員上任，他總要召見赴任的官吏教誨一番：「我朱元璋效法古人，任命官員派往各地。這些官員剛剛提拔任用之時，他們既忠誠又堅持原則。可是，當官的時間一長，他們便又奸又貪。我對此早已有言在先，嚴格執法，絕不姑息。結果是，能善始善終者少，而身敗名裂，家破人亡者多。」為此，朱元璋給部下算了一筆帳，曉以利害：「老老實實地守著自己的薪俸過日子，就像是守著井底之泉。井雖不滿，卻能每天汲水，長久不斷。若是四處搜刮民財，鬧得民怨沸騰，你就是手段再高明，也難免東窗事發。而一旦事發，你就要受牢獄之苦，判決之後，再送去服勞役。這時候，你得到的那些贓款在哪裡呢？也許在千里之外你妻子兒女手中，也許根本就沒有了。不管怎麼說，這些錢反正不在你手裡，而在他人手中。這時候，你想用錢，能拿到手嗎？你都家破人亡了，贓物都成別人的了，那些不乾淨的錢還有什麼用呢？」明朝的官員們是可憐的，遇到像朱元璋這樣苛刻的老闆，只能過一輩子「清水衙門」的生活了。

▎文字獄

　　天子重英豪，文章教爾曹。萬般皆下品，唯有讀書高。

　　在朱元璋手下當臣子，一來擔心一個腦袋不夠使（胡唯庸案、藍玉案、郭桓案、空印案四大案，案案相接，環環相扣），二來擔心那點薪水不夠花（這年頭養家餬口不容易）。因此，當時讀書人都不願意來朝廷效力，一時間人才凋零。對此，朱元璋發表了新的人才計劃。

一、　是選擇大量的儒生來治理國家，並且逐漸形成以儒家學者為核心的幕僚集團。

二、　是重視經書，同時加強經學教育，大力興辦各級學校，對經學的傳播與發展有積極作用。

三、　是頒令八股取士，尤其重視程朱理學的作用，要求生徒恪守儒家正統，從而以程朱理學來統一士人的思想（朱元璋以程朱理學為學術正宗）。

　　就這樣，知識分子又會被朱元璋的「引誘」吸引過來了。然而，他們的蜜月期並沒有持續多久。因為朱元璋一方面多措並舉選拔和重用人才，另一方面又極盡全力打壓人才。考慮到文人自古手無縛雞之力，因此，這一次朱元璋不再動用「血腥屠殺」，而是改為「文明引屠」，於是乎，很快上演了聲勢浩大的文字獄。

　　其實，自有文字以來，文字獄就作為一種文化現象出現在歷史長卷上。歷朝歷代，史不絕書。文網之密、處刑之重、規模之廣，對於廣大知識分子來說都是浩劫。史學家評論焚書坑儒的積極意義是為了統一文

化。百家爭鳴也許是文化界的幸事，但絕對是政治界的大患。所以秦統一中國後不可避免地也要統一文化領域，包括統一文字和統一度量衡。焚書坑儒作為統一文化的硬性手段，於是這場慘無人道的文化毀滅被秦始皇「順理成章」地實行，這其實也是一種變相的文字獄。

但文字獄的真正發明者卻是明太祖朱元璋。他不但對文武重臣百般猜忌，而且對文字也百般猜忌。特別是每逢節日慶典，文官們總會呈上一篇篇辭藻華麗、文采飛揚的賀詞賀表，讓這個當年的小和尚讀得津津有味。跟他一起馬革裹屍的那幫武將們心裡開始發酸了，便旁敲側擊。朱元璋說：「世亂則用武，世治宜用文，非偏也！」天下大亂的時候，當然需要武將，但治理天下，還是用文臣好一些。

勳臣們一聽，哦，合著我們用槍桿子打出的天下，讓只會動筆桿子的人這麼輕易地就奪走了？這怎麼行！於是，他們偷偷對朱元璋說，這幫動筆桿子的人壞著呢。「此輩善譏訕，初不自覺。」他們喜歡摳字眼，指桑罵槐，你小心中招！當年張士誠還叫張九四的時候，厚待文人，並請其為自己起個雅一點的名字，那些大儒就給送給他「士誠」倆字，張士誠還覺得很美。其實，《孟子》中有「士誠小人」之句，你看他們多壞，悄沒聲兒地就把張九四給罵了，張士誠這大傻瓜到死都沒覺悟！

朱元璋跟張士誠一樣，都是泥腿子出身。這個發生在當年死對頭身上的「屈辱」事，也許喚醒了朱元璋的自卑情結。儘管在先秦，「小人」一詞並不具有道德意味，但時過千餘年，卻早已被追加了諸多不潔的因子。在朱皇帝看來，讀書人巧斷句讀，活用詞意，以達到「譏訕」目的，委實是一件可憎的事。

第一次，朱元璋了解到了兵不血刃的厲害之處：語言文字，不光是表音、表意的工具，還是一座隱喻與象徵的迷宮，一不留神，就會著了

道兒。查考朱元璋屢次大興文字獄，其規模，其嚴酷程度，其無中生有、疑神疑鬼的荒唐勁，都可推斷出這件事對他的打擊與傷害，是多麼令他沮喪、物傷其類且怒不可遏。浙江府學訓導林元亮為海門衛官作了一篇〈增俸謝表〉，內有「作則垂憲」一詞。朱元璋想，這是說我呢，「則」與「賊」同音，暗諷我當過賊啊，誅！

北平府學訓導趙伯寧替都司作〈萬壽賀表〉獻給朱，內用「垂子孫而作則」一句。朱元璋想，還敢說我做過賊，誅！

祥符縣學教諭賈翥替本縣縣官作〈正旦賀表〉，內有「取法象魏」一句，朱元璋想，「取法」者，「去發」也，這是諷刺我當過和尚啊，誅！

尉氏縣學教諭許元為知府作〈萬壽賀表〉，內有「體乾法坤，藻飾太平」。朱元璋想，「法坤」音同「發髡」，還是剃髮的意思，誅！

常州府學訓導蔣鎮作〈正旦賀表〉中有「睿性生智」，「生」與「僧」同，被視為罵太祖當過和尚，誅！

懷慶府學訓導呂睿作〈謝賜馬表〉中有「遙瞻帝扉」，被視為「帝非」，誅！

臺州訓導林雲作〈謝東宮賜宴箋〉中有「體乾法坤，藻飾太平」，「法坤」與「發髡」同，「藻飾」與「早失」同，誅！

德安府學訓導吳憲作〈賀立太孫表〉中有「天下有道」，「道」與「盜」同，誅！

杭州教授徐一夔賀表中有「光天之下，天生聖人，為世作則」，被視為大不敬，誅！

狀元張信訓導王子，引用杜甫詩「舍下筍穿壁」出題，被認為譏諷天朝，誅！

殺殺殺，幹掉幹掉！一時間人頭落地，腥風血雨。表面看來，朱皇帝逐漸無法容忍任何諧音以及字詞的聯想義。仔細思索則不難發現，他所敏感的，正是有可能指向他出身的這些字詞的同音或近義語：盜賊、和尚。從這點來說，貴有天下的朱元璋，終其一生，也自認為「盜賊」「和尚」這兩種經歷是他最不願示人的瘡疤。跟阿 Q 一樣，他的身分焦慮，從來都是一個問題。更可怕的是，他的檢查對象終於突破了「天下所進表箋」的範圍，而直驅文學領域。

陳養浩詩云：「城南有嫠婦，夜夜哭征夫。」朱元璋嫌其「傷時」，將作者「投之於水」溺死。

一寺院牆壁上題布袋佛詩云：「大千世界浩茫茫，收拾都將一袋藏。畢竟有收還有放，放寬些子有何妨！」朱元璋疑其嫌法度太嚴，盡誅寺僧。

高僧來複有詩云：「金盤蘇合來殊域，玉碗醍醐出上方。稠迭濫承上天賜，自慚無德頌陶唐。」朱元璋殺他的理由：「殊」，同「歹朱」。

狀元張信，書錄杜甫詩：「舍下筍穿壁，庭中藤刺簷。地晴絲冉冉，江白草芊芊。」朱元璋腰斬他以警示讀書人：「堂堂天朝，何譏誚（苦難）如此！」

明初四傑之一的高啟有詩〈題宮女圖〉：「女奴扶醉踏蒼苔，明月西園侍宴回。小犬隔花空吠影，夜深宮禁有誰來？」朱元璋認為「有所諷刺」而假手另一樁案子將高啟腰斬八段棄市。

張尚禮有宮怨詩云：「庭院深深晝漏清，閉門春草共愁生。夢中正得君王寵，卻被黃鸝叫一聲。」朱元璋認為作者「能摹圖宮閫心事」，將其閹割了事……

不僅有許多大臣因文字屢遭不測，就連藩國朝鮮也不能逃脫。朝鮮

國王李成旦進表箋，有犯上字樣。朱元璋當即下令將進貢物品全部打回，還要朝鮮交出撰寫此文的鄭總。朝鮮十分恐懼，將鄭總押送至南京。太祖下令，發配雲南，仍令遼東都司不許高麗人通界，也不許商客貿易。

更有甚者，朱元璋連亞聖孟子也不放過。朱元璋曾說「使此老在今日寧得免耶」！先是將孟子牌位撤出孔廟，後來因為文星暗了，朱元璋做賊心虛，才恢復孟子牌位。但是朱元璋實行八股取士，孟子的「對君不遜」讓他難以容忍。接著，朱元璋下令刪節《孟子》，一律刪去書中被認為言論荒謬的共八十五章，占了全書的三分之一。刪定後定名為《孟子節文》。被刪的主要有七類：

一、　不許說統治者及其官僚走狗的壞話：「庖有肥肉，廄有肥馬，民有飢色，野有餓莩，此率獸而食人也。獸相食，且人惡之。為民父母，行政不免於率獸而食人。」（《孟子・梁惠王上》）

二、　不許說統治者要負轉移風氣之責：「君仁莫不仁，君義莫不義。一正君而國定矣。」（《孟子・離婁下》）

三、　不許說統治者應該實行仁政：「得百里之地而君之，皆能以朝諸侯有天下。行一不義、殺一不辜而得天下，皆不為也。」（《孟子・公孫丑上》）

四、　不許說反對徵兵徵稅和發動戰爭的話：「有布縷之徵，粟米之徵，力役之徵。君子用其一，緩其二。用其二而民有殍，用其三而父子離。」「古之為關也，將以禦暴。今之為關也，將以為暴。」（《孟子・盡心下》）「爭地以戰，殺人盈野；爭城以戰，殺人盈城。此所謂率土地而食人肉，罪不容於死。」（《孟子・離婁上》）

五、　不許說人民可以反抗暴君、可以對暴君進行報復的話：「賊仁者謂之賊，賊義者謂之殘，殘賊之人謂之一夫。聞誅一夫紂矣，未聞

弒君也。」(《孟子‧梁惠王下》)「君之視臣如手足,則臣視君如腹心;君之視臣如犬馬,則臣視君如國人;君之視臣如土芥,則臣視君如寇仇。」(《孟子‧離婁下》)

六、 不許說人民應該豐衣足食的話:「是故明君制民之產,必使仰足以事父母,俯足以畜妻子,樂歲終身飽,凶年免於死亡。然後驅而之善,故民之從之也輕。今也制民之產,仰不足以事父母,俯不足以畜妻子,樂歲終身苦,凶年不免於死亡。此唯救死而恐不贍,奚暇治禮義哉?」(《孟子‧齊桓晉文之事》)

七、 不許說人民應該有地位、有權利的話,什麼「民為貴,社稷次之,君為輕」這樣的話要禁止。

如果孟子地下有知,定然會氣得從沉睡了千年的地底下站起來。

朱元璋的文字獄影響深遠,意義深遠,教訓深遠。

第二十四章
塵埃落定

▌太子的悲哀

其實，朱元璋又是誅殺功臣，又是重懲貪官，又是大興文字獄，目的只有一個，那就是穩穩當當地保住大明江山，然後平平安安、順順利利地讓太子朱標繼位。下面不妨來簡單看一下朱標的個人履歷。

父親：朱元璋。

母親：馬皇后。

生年：元至正十五年（西元 1355 年）。

卒年：明洪武二十五年（西元 1392 年）。

享年：三十七歲。

諡號：諡稱懿文太子，明惠帝即位後追尊為明興宗孝康皇帝。

繼承人：朱允炆。

性格：嫉惡如仇、心善敦厚、溫文儒雅。

綽號：「最」二十郎。

綽號來源：最童年、最師傅、最孝順、最生涯、最教育、最言論、最效果、最分歧、最傷感、最倔強、最後悔、最得意、最幸運、最無奈、最可嘆、最可疑、最死因、最欣慰、最感嘆、最傳世。

最童年：無憂無慮。他既沒有經受戎馬倥傯、生活磨難，亦未身陷宮闈驚變，他的一生似乎完全是在風平浪靜中度過的。

最師傅：宋濂等名儒。朱元璋為了培養這個接班人，廣聘名儒，在宮中特設大本堂，貯藏各種古今圖書，讓諸名儒輪班為太子和諸王講

課，並挑選才俊青年伴讀。

最孝順：對父母姐妹言必稱親，對宋濂等人言必稱師，對百姓民眾言必稱愛。

最生涯：儲君二十五年。

最教育：朱元璋對儲君朱標的教育培養，是不惜代價、不擇手段的。一是重視幼兒教育手段，培養吃苦耐勞精神。西元 1367 年，朱元璋自稱吳王，已立朱標為世子。同年，令朱標赴臨濠祭拜祖墓，希望藉機訓練他將來為人君的本領。臨行前，朱元璋教導說：「古代像商高宗、周成王，都知道小民的疾苦，所以在位勤儉，成為守成的好君主。你生長於富貴，習於安樂。現在外出，沿途瀏覽，可以知道鞍馬勤勞，要好好觀察百姓的生業以知衣食艱難，體察民情的好惡以知風俗美惡。到老家後，要認真訪求父老，以知我創業的不易。」二是活用培養教育方法，灌輸古今執政常識。西元 1368 年，大明王朝建立，朱標亦被立為太子。為了訓練出理想的繼承人、能幹的守成之君，朱元璋處心積慮，費盡心機。在教學中，嚴格要求太子的一言一行，都需按禮法行事；甚至太祖自己也時常賜宴賦詩，商榷古今，現身說法。三是時刻抓住教育重點，德才兼備正心為要。事例：朱元璋多次特地對教育太子和諸王等人的儒臣說：「我的孩子們將來是要治國管事的……教育的方法，要緊的是正心，心一正萬事就辦得好；心不正，諸欲交攻，萬萬要不得。你要用實學教導，用不著學一般文士，光是記誦辭章，一無好處。」故此，除了讓太子誦習儒家經典，又專門選了一批德行高雅的端正人士，做太子賓客和太子諭德，讓他們把「帝王之道，禮樂之教，和往古成敗之跡，民間稼穡之事」，朝夕向太子講授。太祖還常常以自己的經歷訓導太子，要他明白創業的不易、守成的艱辛。同時，為了避免前代經常出現的東宮

官僚自成體系，與朝廷大臣鬧意見，甚至宮廷對立的弊端，太祖就命李善長、徐達等朝廷重臣兼任東宮官僚。四是樹立科學教育理念，正人正己地鍛鍊能力。朱標二十二歲那年，朱元璋見他年紀已長，遂令今後一切政事並啟太子處分，然後奏聞。為的是有意讓太子「日臨群臣，聽斷諸司啟事，以練習國政」。並告誡說：「我之所以要你每日和群臣見面，聽斷和批閱各衙門報告，學習辦事，要記住幾個原則：一是仁，能仁才不會失於疏暴；二是明，能明才不會惑於奸佞；三是勤，只有勤勤懇懇，才不會溺於安逸；四是斷，有決斷，便不致牽於文法。我從做皇帝以來，從沒偷過懶，一切事務，唯恐處理得有毫髮不當，有負上天付託。天不亮就起床，到半夜才得安息，這是你天天看見的。你能夠學我，照著辦，才能保得住天下。」

最言論：除苦心教育中的言傳身教外，他諄諄教誨朱標的那些深刻的治理朝政的言論，也頗具發人深省的意義。

最效果：朱標儘管生於安樂，但並無紈袴之習，換句話說，他沒有辜負父親的寄託。他頗能領會，而且還盡心受教，所有一切，都與朱元璋的積極、科學、嚴格、有效的教育培養是分不開的。

最分歧：建國後，朱元璋先後除掉了劉基、李善長等文官，又除掉了徐達、傅友德等武官，朱標見狀，大為不忍，常常勸朱元璋「放下屠刀，立地成佛」，從而觸怒了朱元璋。朱元璋和朱標，一個嚴酷，一個寬大；一個從現實政治出發，一個從私人情感出發；一個欲樹立絕對的權威，一個卻總有自己的原則而不肯屈服。分歧就這樣產生，並且逐漸拉大。

最傷感：負子圖。據《名山藏》記載，朱元璋在征戰中，時常為敵兵追擊，馬皇后數次背著朱標在亂軍中逃得性命。後來朱元璋為紀念馬皇后背著兒子朱標行軍而請人精心繪製成了負子圖。

最倔強：刺仗之事。因為在政治道路上，朱標和朱元璋產生分歧後，朱標總是這樣勸說朱元璋：「陛下殺人太多，恐傷了和氣。」朱元璋剛開始選擇了沉默。後來，見他說得多了，便讓人找了一根帶刺的木棍丟在地上，讓朱標撿起來。朱標自然很怕扎手，不知該從何處下手。朱元璋冷冷說道：「我殺人就是要替你拔掉這木棍上的刺，難道你看不出來嗎？」按理說朱元璋把話說到這個份兒上了，朱標應該收斂才對。然而，朱標絲毫不為所動，依然傲然道：「上有堯舜之君，下有堯舜之民。」這句話的意思是說有怎麼樣的皇帝，就有怎麼樣的臣民。朱元璋大怒，拿起椅子要朝他砸。朱標眼看形勢不妙，不失時機地把一直懷藏於胸的〈負子圖〉掉在地上。結果，朱元璋舉得高高的手，看到了〈負子圖〉後，勾起當年南征北戰時的情景，還有和馬皇后的患難之情，終於無奈地放下來了，朱標因此逃過了一劫。

最後悔：洪武七年（西元 1374 年），孫貴妃去世，朱元璋令太子朱標服齊衰杖期，朱標以其不合禮法而拒絕執行，這一次氣得朱元璋更升級為用劍來追他。最後在眾人的勸解下，事態才得以平息。然而，透過這件事之後，父子君臣間的嫌隙越來越大了。

最得意：朱標沒能說服朱元璋，卻很快來了個英年早逝，朱元璋對此非常悲痛，最終選擇朱標的兒子朱允炆繼承皇位，可見父子情深。

最幸運：作為朱元璋的長子，他在十三歲尚未成年時，便已貴為太子。身為儲君身分，作為準備接班的未來皇帝。

最無奈：他經過朱元璋的精心培育，卻在壯年時期，因病英年早逝，未能完成接班大任，結果很無語。

最可嘆：朱標年紀輕輕，正當壯年時分，卻於洪武二十四年（西元1391 年），受命巡視陝西後，因疾病纏身、旅途勞頓和各種壓力，導致

臥床不起，最終於次年四月撒手人寰。

最可疑：史稱朱標是因風寒而斃。然而《素問・玉機真藏論》解釋為：「風寒客於人，使人毫毛畢直，皮膚閉而為熱。」簡言之，就是今日的感冒。怎樣的感冒才會奪去一個年紀輕輕的男人生命？如若真是如此，那麼明朝的繆希雍怎麼可能在《本草經疏》裡早有告誡「肺經無火，因客風寒作嗽者忌之」呢？因此，說是風寒而斃，這似乎於理不合。

最死因：性格決定一切，性情關乎命運。一是隨著性格和政治觀念不同，朱標和父皇朱元璋間的分歧日漸擴大，衝突不斷升高。這類的矛盾和衝突若出現尋常人家的父子間，也就罷了，但發生在皇太子和性情暴戾的皇帝身上，這給懿文太子造成心理壓力之大也就可想而知了。在這樣情境中，朱標不僅難以意氣風發，躊躇滿志，相反不得不常常在漫長而沒有期限的等待、緊張、鬱悶甚至驚恐之中苦忍度日，這些無疑早已在逐步地消耗著他的心力，損害著他的健康，終致因一次似乎偶然的事件而一病不起。二是正是因為存在分歧，朱元璋對朱標的寵愛漸漸轉到了他的另一個兒子朱棣身上來了。對此，兄弟倆雖然還沒有上演「本自同根生，相煎何太急」的局面，極有可能是朱元璋對朱棣的喜愛讓朱棣開始覬覦皇位，導致兄弟之間矛盾重重，相互怨恨。朱標越來越感到壓力巨大，心理和精神壓力過大，可能是誘發朱標英年早逝的一個原因。

最欣慰：朱標雖然走了，但他繼承大統的血胤並沒有中斷。他死後，朱元璋悲慟不已，「御東角門，對群臣泣」，第一次顯現出其悲惶、蒼涼的獨裁者的驚恐。為朱標舉行了極隆重的葬禮，賜諡號懿文。四個月後，他的次子允炆（長子雄英此時已逝）被正式立為皇太孫。若朱標在天有靈的話，也可以得到告慰了。

最感嘆：吾本西方一衲子，為何流落帝王家？來時歡喜去是迷，空

在人間走一回。未曾生我誰是我，生我之時我是誰。吾今撒手歸山去，管他千秋與萬代。

最傳世：著名的文士方孝孺，作《懿文皇太子輓詩八章》傳於世，詩云：「盛德臨中夏，黎民望彼蒼。少留臨宇宙，未必愧成康。宗社千年恨，山陵後世光。神遊思下土，經國意難忘。」

因果輪迴

生老病死，誰都逃不出歲月的輪迴。洪武三十年（西元 1397 年），秋高氣爽、丹桂飄香的季節，七十歲的朱元璋病了。一開始，他病得並不嚴重，雖躺在床上，卻也經常下地活動。皇太孫朱允炆等人來看他的時候，他有說有笑，看不出一點兒有病的樣子，而且他還曾單獨向朱允炆傳授了自己的治國策略。然而，到了冬天，朱元璋的病情加重了，到了「一病不起」的地步，究其原因有二：

一是積勞成疾。朱元璋自從廢除丞相制度後，凡事親力親為，常常是「未明求衣，日昃忘食」，天不明就起來穿衣，日頭偏西了都不吃飯。據說朱元璋的明制一天有三次朝，稱早朝、午朝、晚朝，可見處理事務之多、事務之雜、事務之重。朱元璋一天處理政務非常繁忙，他常常是想起一件事寫個字條，然後就別在身上，再想起一件事又別在身上，所以有的時候一天下來，在下朝的時候，穿的衣裳就像鳥毛一樣，到了上朝拿起來，一件一件地處理。有的時候就把字條貼在牆上，他的政務非常繁忙，有人統計在洪武十七年九月十四到二十一日這八天當中他接了多少奏章呢？他接的奏章是一千一百六十件，如果一件奏章是一千字，那麼一共就是一百一十六萬字，平均每天要處理十五萬字。有多少事件呢？這八天當中，涉及三千三百九十一件事，平均下來每天要處理四百二十三件事。朱元璋雖然長年南征北伐，身子骨硬朗得很，但人都是血肉之軀，更何況朱元璋已到了「甲子」之年，怎經得起這般「廢寢忘食、鞠躬盡瘁」，因此，勞累成疾、死而後已也是水到渠成之事。就像我們俗話說的，欠下的帳總是要還的，也正是因為這樣，這一病之後，開

始還沒有完全發作，到後來便越來越嚴重。是啊，那些熬過的夜，那些傷過的心，那些費過的神，這一刻全要爆發了。

二是憂鬱成災。世間最悲哀之事，莫過於白髮人送黑髮人，洪武二十五年（西元 1392 年），三十七歲的皇太子朱標突然病死，這對朱元璋打擊很大，朱元璋對朱標可謂花盡了血本來培養，儘管後來朱標一些「政治表現」引起了朱元璋的不滿，甚至是憤恨，然而，這份血濃於水、情濃於水的舐犢之情卻是不能輕易改變的。也正是因為這樣，當時的朱元璋嚎啕大哭，心痛欲絕。而就是朱元璋生病的這段時間，噩耗卻又接踵而至，這年冬天，從西安傳來消息，朱元璋的二兒子，四十一歲的秦王朱樉在西安病逝。緊接著，朱元璋的三兒子，四十歲的晉王朱棡在太原病逝。朱樉是朱元璋晚年最喜歡的兒子，受寵程度甚至一度超過了太子朱標。而修目美髯、顧盼有威、智慧極高的三兒子朱棡，在朱元璋心目中的分量也是極高的。至此，朱元璋在幼年喪母、中年喪妻之後，又遭受人生第三大不幸：老年喪子。白髮人送黑髮人，這對朱元璋是一個不小的打擊，他的病情越發加重。

死去元知萬事空。朱元璋是個聰明人，也是個明白人，自然知道生老病死是一個人無法避免的輪迴，但他在變成「糊塗人」前，還擔心兩個人。

第一個人便是皇太孫朱允炆。儘管這個時候的朱允炆已經二十一歲，早已是成年人了。但朱元璋擔心他死後，朱允炆能否坐穩皇位，把他的衣缽傳承下去。

第二個人便是他的第四個兒子燕王朱棣。朱元璋一生總共只有四個兒子，在連失三個兒子後，只剩下燕王朱棣這根獨苗。也正是因為這樣，朱棣實際上就相當於朱元璋的大兒子了。而朱棣也是朱元璋所有兒子中最有才智的一個。這不能不讓朱元璋為自己性格柔弱的孫子朱允炆擔心。

那麼朱棣究竟是一個什麼樣的人呢？

如果只用一句話來形容朱棣，就是聞著戰爭的硝煙味兒長大。

最生涯：朱棣十一歲封燕王，十七歲迎娶徐達的長女，二十歲就藩北平（眾藩王之首），與寧王、晉王、肅王、秦王等沿長城一線封國，為天子守邊，抵禦北方蒙古人的侵犯，號稱塞王。

最勢力：朱元璋允許他們擁有三千人的護衛，最多的可以達到一萬九千人。燕王、晉王、秦王勢力最強，多次奉詔攻打蒙古，即使傅友德、藍玉這樣的大將也要聽塞王指揮。尤其是燕王朱棣，負有控制北部門戶的重任，能夠直接指揮的軍隊多達三十萬人，軍中大小事自己裁決，只有天大的事才向朱元璋彙報。

最戰鬥：西元 1390 年，一場戰鬥使年僅三十歲的朱棣威名遠颺。那年元旦剛過，朱元璋命令燕王和晉王分兵合擊，打垮北元丞相咬住、平章乃兒不花。朱棣首先派出幾股哨兵四出偵察，摸清乃兒不花的確切位置。三月，天下大雪，千里荒原上銀裝素裹，車馬輜重行進十分困難，士兵們凍得直打哆嗦。將領們請求燕王安營紮寨，等大風雪過後再想辦法。朱棣說：戰機就擺在你們眼前，你們怎麼看不見呢？這正是出奇制勝的大好時機！命令大軍頂風冒雪，快速而進。大軍出現在乃兒不花面前，他竟然還在帳篷裡烤火。朱棣圍而不殲，派乃兒不花的好朋友、降將觀童勸降。乃兒不花知道是雞蛋碰石頭，只好請降。朱棣擺酒設宴，酒喝得十分豪爽，令乃兒不花感動得眼淚嘩嘩的，主動要求勸降咬住。

最賞賜：朱棣第一次大規模出征，兵不血刃就大獲全勝，讓朱元璋非常高興，賞賜寶鈔一百萬錠，並誇讚朱棣：掃清沙漠裡的蒙古人，就全靠你了！

最才華：朱棣能文能武。武的話，彎弓射大雕不在話下，尤其喜歡

打仗，智謀過人，知道怎麼打勝仗。作為罕見的勇士和智慧人物，朱棣可謂繼徐達之後的又一代新「戰神」。

最能戰：對於第四子朱棣，朱元璋確實非常欣賞，尤其欣賞他的「文」和「武」，這是朱允炆不具備的特殊優勢。武不用說了，且來看文的。一次，大家在宮裡看賽馬。朱元璋出上聯：「風吹馬尾千條線。」有意考驗朱允炆和朱棣的才華。結果朱允炆沒有打仗經驗，所見不過平凡瑣事，憋足勁兒，才勉強答出這樣一句下聯來：「雨打羊毛一片氈」，軟綿綿的，沒什麼味道。而朱棣見過世面，巧對「日照龍鱗萬點金」，氣魄宏大，得到了眾人的一致稱讚。當然，朱允炆也有一個得天獨厚的優勢，那就是非常有孝心。畢淑敏說：孝心無價。「孝」是稍縱即逝的眷戀，「孝」是無法重現的幸福，「孝」是一失足成千古恨的往事，「孝」是生命與生命交接處的鏈條，一旦斷裂，永無連線。這也是朱元璋對朱允炆最滿意的一點。朱棣的「五最」雖然離朱標的「二十最」相差甚遠，但無論如何，他是最跟朱標實力和勢力相當的人。而事實上，朱棣在「最戰鬥」之後，也成了朱元璋最寵愛的兒子。那麼，為什麼朱元璋會把他排除在繼承人之列呢？

原因：朱棣生對了地方（生在帝王家），卻投錯了胎。朱元璋的前三個兒子的母親都是馬皇后，而唯獨第四子朱棣是一個妃子生的，而且這個妃子還是少數民族的——蒙古族女人碩氏所生。這個碩氏是一位在正史中不見記載的人物。我們不知道她的來歷，但這位碩氏一定是一位美麗大方的蒙古族姑娘。在她身上一定會表現出那種只有北方少數民族姑娘才具有的獨特魅力，才會一下子被朱元璋看中。可是這位碩氏的命運後來挺悽慘的，傳說她生下朱棣後便被賜自盡了，而且還曾受到過鐵裙之刑（「鐵裙刑」是古代懲罰不忠女人的一種酷刑：將鐵片做成刑具，形

227

如裙子，逼犯人穿到身上，然後把「裙子」放在火上烘烤。刑具受熱，犯人的皮肉如被烙鐵烙，其慘狀不言而喻，結果可想而知），顯然屬於非正常死亡。看起來朱棣的身世還真有些悲劇色彩。一位美麗的蒙古族少女，神祕地出現在朱元璋的生活中，生下兩個兒子。幾年後，她又神祕地從人間蒸發了。正如說媒講究門當戶對一樣，也正是因為朱棣不是馬皇后的親兒子，其母親「來歷不明」，偏離了「真龍天子」的軌道，因此，儘管朱棣才華橫溢，但還是被朱元璋排除在「合法繼承」人之外。只有嫡長子繼承皇位，大家才擁護。所以經過權衡，朱元璋做了一個異常艱難的決定：立十六歲的朱允炆為皇太孫。

也正是因為這樣，朱棣便擁有了第六最 —— 最無奈：懷才不遇（空有其才，卻不能成為皇室的接班人）。

千秋功過

在病榻上的朱元璋，進行了人生的最後一次「三步驟」。

第一步：清理後宮

為了防止漢朝劉邦死後呂后專政的一幕在自己的後宮上演，朱元璋對後宮進行了「大清理」。朱元璋共有四十六個后妃，但在萬花叢中，卻獨寵馬皇后，原因不用多說了，一個成功的男人背後必有一個優秀的女人，朱元璋最後能取得勝利，馬氏功不可沒。也正是因為這樣，朱元璋當了皇帝以後，對馬氏非常尊重與感激，冊封她為皇后。後來馬皇后病故，朱元璋失去賢德的妻子，非常悲痛。從此決定不再立皇后，可見他對馬皇后的一片真心。

但此時，朱元璋對後宮佳麗中唯一不放心的就是綽號為「毒蠍子」的李淑妃。李淑妃是壽州人，她的父親李傑在洪武初年以廣武衛指揮北征，屢立戰功，後來和常遇春一樣，病逝於戰場。洪武十七年（西元 1384 年）九月，為逝世的馬皇后守喪期滿時，李氏被冊封為淑妃，管理後宮事務。李淑妃與其他妃子不同，其他妃子在馬皇后的感應下，都選擇了「人之初，性本善」，唯獨她選擇的是「人不為己，天誅地滅」。也正是因為這樣，朱元璋在臨死前，決定「祛毒」，為民除害。於是乎，朱元璋設了一桌酒宴，請李淑妃來喝酒，李淑妃來之後，才發現這個宴席只有她一個人。正當李淑妃一個人食之無味棄之可惜時，躺在病床上的朱元璋卻說了這樣一句話：「你跟隨我有十多年了，辛苦了，也該歇歇了，你父母都想見你，你快去見他們吧，好好去團圓吧。」李淑妃的父母客死多年，朱元

璋的意思再明白不過了，李淑妃拜謝朱元璋後，回到後宮，便選擇了「揮劍自宮」——上吊。就這樣，朱元璋成功保住了後宮的那一片寧靜。

第二步：含沙射影

知子莫若父，朱元璋自然知道有著「朱三多」（說不清楚的謎團多，幹出的大事多，遭受的爭議多）朱棣的存在是對皇太孫朱允炆最大的威脅。事實上，朱元璋立「正統血液」的十六歲的朱允炆為皇太孫後，朱棣果然不滿，心裡十分窩火，十分不服氣。一次，他用手拍拍皇長孫朱允炆的背，譏諷地說：「沒想到我姪兒還能有今天的榮耀啊！」這一情景，恰好被朱元璋看見，厲聲責問朱棣：「怎敢對皇長孫如此無禮？！」朱允炆急忙打圓場，說是叔姪兩人在開玩笑，讓朱棣有個臺階下了，這才化解這場政治對話風波。但從此，朱元璋對朱棣還是有看法了，或者說「威脅論」在他心中越來越強烈了。朱棣的才華他是心知肚明的，而朱允炆太文弱他也是心中有數的。正因為這樣，在病重期間，朱元璋專門給燕王下了一道手諭：「朕觀成周之時，天下治矣。周公告成王曰：誥爾戎兵，安不忘危之道也。朕之諸子，汝獨才智，秦、晉已薨，汝實為長，攘外安內，非汝而誰？爾其總率諸王，相機度勢，用防邊患，奠安黎庶，以答上天之心，以副吾付託之意！其敬慎之，毋怠！」

這段話的意思很簡潔明瞭，就是讓燕王學周公，而且特別表明他的任務就是防守邊疆、安撫百姓。手諭裡「含沙射影」地含著告誡、警示、提醒的意思。朱元璋可謂用心良苦。

第三步：非誠勿擾

病重期間，朱元璋擢兵部侍郎齊泰為兵部尚書，並諭令齊泰和黃子澄輔佐朱允炆處理朝廷一切事務。同時，他還提前頒下了遺詔：待駕崩

之後，太孫允炆嗣位，諸王各自鎮守屬地，一律不准回京。

意思就是說，他死後，各地諸侯王要以大局為重，以和平發展為主，都不能來京為他奔喪。

朱元璋的確是有高瞻遠矚的，他想用這三步驟讓朱允炆順利登基，想讓朱棣安心當他的燕王，想避免出現「本是同根生，相煎何太急」的局面。

事實證明，朱元璋的三管齊下收到了良好效果。他死後，朱允炆順利接過了他的職權，繼承了他的皇位。然而，建文帝朱允炆卻是個「扶不起的阿斗」，他上任之後，就來了個「削藩」，先後廢了周王、湘王、齊王、代王、岷王等五王，目標直指燕王朱棣。然而，朱允炆犯了兩個錯誤：一是在削藩過程中，忘了先「推恩」，應恩威並施，在輿論和道義上站住腳跟；二是並沒有先削燕王，而是先從其他諸王下手，這樣打草驚蛇，使得燕王加緊做了準備。當建文帝決定對朱棣下手的時候，為時已晚。燕王朱棣迅速扯起了靖難的大旗，將朱允炆趕下臺取而代之。這是後話。

三步驟後，朱元璋也該走了。洪武三十一年（西元 1398 年）五月初十，大明朝開國皇帝朱元璋駕崩，終年七十一歲。

朱元璋在位三十年，有功有過，有得有失；是救世主，也是殺人狂魔；是明主，也是小人。但無論如何，他死後葬於明孝陵墓園的神功聖德碑上鐫刻著「濟世為民、仁德千秋」八個大字，可以算是對他一生的評價。子在川上曰：「逝者如斯夫。」最後引用朱元璋生平所作的一首詩，算是對這位奇人的一種緬懷吧：

天為帳幕地為氈，
日月星辰伴我眠。
夜間不敢長伸腳，
恐踏山河社稷穿。

朱元璋 —— 霸業之爭：

韜略心計並存，以九字定江山

作　　　者：飄雪樓主

發　行　人：黃振庭

出　版　者：崧燁文化事業有限公司

發　行　者：崧燁文化事業有限公司

E - m a i l：sonbookservice@gmail.
com

粉　絲　頁：https://www.facebook.
com/sonbookss/

網　　　址：https://sonbook.net/

地　　　址：台北市中正區重慶南路一段
61 號 8 樓

8F., No.61, Sec. 1, Chongqing S. Rd.,
Zhongzheng Dist., Taipei City 100, Taiwan

電　　　話：(02)2370-3310

傳　　　真：(02)2388-1990

印　　　刷：京峯數位服務有限公司

律師顧問：廣華律師事務所 張珮琦律師

---版權聲明---

定　　　價：299 元

發行日期：2024 年 07 月第一版

◎本書以 POD 印製

Design Assets from Freepik.com

國家圖書館出版品預行編目資料

朱元璋——霸業之爭：韜略心計並
存，以九字定江山 / 飄雪樓主 著 . --
第一版 . -- 臺北市：崧燁文化事業有
限公司 , 2024.07

面；　公分

POD 版

ISBN 978-626-394-536-4(平裝)

1.CST: 明太祖 2.CST: 傳記

626.1　　113010075

電子書購買

爽讀 APP

臉書